AF810262

Die Protokollführung bei Gericht.

Von

Dr. Otto Beier

Amtsgerichtsrat in Beuthen

1928

H. W. Müller, Berlin und München

Druck von Dr. F. P. Datterer & Cie., Freising-München.

Inhaltsübersicht.

Seite

1. Hauptteil: Allgemeines.

2. Hauptteil: Das Verhandlungsprotokoll.

1. Unterteil: Allgemeines über das Verhandlungsprotokoll.

2. Unterteil: Die Verhandlungsprotokolle in den einzelnen Verfahrensarten.

3. Hauptteil: Protokolle, welche der Urkundsbeamte allein aufnimmt.

Verzeichnis der benutzten Literatur.

Dersch-Volkmar, Kommentar zum Arbeitsgerichtsgesetz, 1927.
Förster-Kann, Kommentar zur Zivilprozeßordnung, 3. Auflage.
Güthe, Kommentar zur Grundbuchordnung, 4. Auflage.
Jaeckel-Güthe, Kommentar zum Zwangsversteigerungsgesetz, 5. Auflage.
Jaeger, Kommentar zur Konkursordnung, 5. Auflage.
Löwe, Kommentar zur Strafprozeßordnung, 16. Auflage.
Mayer, Kommentar zur Vergleichsordnung, 1928.
Mentzel, Kommentar zur Konkursordnung, 1926.
Reinhard, Zwangsversteigerungsgesetz, 5. Auflage.
Schlegelberger, Freiwillige Gerichtsbarkeit, 3. Auflage.
Stein, Kommentar zur Zivilprozeßordnung, 13. Auflage.
Sydow-Busch-Krantz, Zivilprozeßordnung, 18. Auflage.

Abkürzungen.

AGG. . . . . = Arbeitsgerichtsgesetz vom 23. 12. 1926, RGBl. 1926, Seite 507,
AV. . . . . . = Allgemeine Verfügung des Preußischen Justizministers,
BGB. . . . . = Bürgerliches Gesetzbuch,
FGG. . . . . = Reichsgesetz über die Angelegenheiten der freiwilligen Gerichtsbarkeit,
GBO. . . . . = Grundbuchordnung,
GS. . . . . . = Preußische Gesetzessammlung,
GVG. . . . . = Gerichtsverfassungsgesetz,
JGG. . . . . = Jugendgerichtsgesetz,
JMBl. . . . . = Justiz-Ministerialblatt,
JWG. . . . . = Jugendwohlfahrtsgesetz vom 9. 7. 22 RGBl. 1922, Seite 633,
KO. . . . . . = Konkursordnung,
MSchG. . . . = Gesetz über Mieterschutz und über Mietseinigungsämter vom 17. 2. 28, RGBl. 1928, Seite 25,
PSchO. . . . . = Pachtschutzordnung vom 23. 7. 25, RGBl. 1925, Seite 152,
PrFGG. . . . = Preußisches Gesetz über die Angelegenheiten der freiwilligen Gerichtsbarkeit,
PrPSchO. . . . = Preußische Pachtschutzordnung vom 19. 9. 27, GS. Seite 177,
RGBl. . . . . = Reichsgesetzblatt,
StrPO. . . . . = Strafprozeßordnung,
VO. . . . . . = Gesetz über den Vergleich zur Abwendung des Konkurses (Vergleichsordnung) vom 5. Juli 1927, RGBl. 1927, Seite 139,
ZPO. . . . . = Zivilprozeßordnung,
ZVG. . . . . = Zwangsversteigerungsgesetz.

1. Hauptteil.

Allgemeines.

§ 1.

Über die Notwendigkeit einer theoretischen Ausbildung in der Protokollführung.

In Preußen[1]) und wohl auch in anderen Ländern unterscheidet man zwischen Urkundsbeamten des schwierigen und des einfachen Bürodienstes. An die Urkundsbeamten des einfachen Bürodienstes soll sich diese Schrift in erster Linie wenden. Die genannten Beamten haben insbesondere die Aufgabe, in allen Fällen als Protokollführer mitzuwirken, in denen die Zuziehung eines Urkundsbeamten der Geschäftsstelle vorgeschrieben oder zugelassen ist[2]). In allen diesen Fällen wirkt der Urkundsbeamte neben dem Richter mit und zwar unter eigener Verantwortung.

Es fragt sich nun, ob eine theoretische Ausbildung der Urkundsbeamten in Fragen der Protokollführung notwendig ist. Diese Frage ist zu bejahen. Dies folgt aus der Bedeutung des Protokolls und der eigenen Verantwortung des Urkundsbeamten.

Das Protokoll ist eine öffentliche, in besonderer Weise rechtlich ausgezeichnete Urkunde. Das Gesetz bestimmt ausdrücklich das, was das Protokoll zu beweisen hat. So sagt § 164 ZPO. folgendes:

„Die Beobachtung der für die mündliche Verhandlung vorgeschriebenen Förmlichkeiten kann nur durch das Protokoll bewiesen werden. Gegen den diese Förmlichkeiten betreffenden Inhalt ist nur der Nachweis der Fälschung zulässig."

Ähnliches bestimmt § 274 StPO. für die Förmlichkeiten der Hauptverhandlung. Zum Beweise dieser Förmlichkeiten ist sowohl im Zivilprozeß, als auch im Strafprozeß das Protokoll das einzige Mittel. Wenn z. B. der Angeklagte in einer Strafverhandlung beim Schlußwort den Antrag auf Vernehmung von Zeugen gestellt hat, das Protokoll diesen Antrag aber nicht enthält, so kann er sich in seiner Revision zum Zwecke des Beweises seiner Behauptung, er habe doch Beweisanträge gestellt, nicht auf das Zeugnis von irgend-

---

[1]) AV. vom 15. März 1928 (Buko), veröffentlicht im Justiz-Ministerialblatt 1928, S. 173 ff.

[2]) § 2 des Pr. Gesetzes vom 18. Dez. 1927, GS. 1927, S. 209.

welchen Personen berufen. Das Protokoll ist maßgebend. Es ist daher unbedingt erforderlich, daß das Protokoll vollständig und richtig ist. Der Protokollführer wird aber nur dann in der Lage sein, die für die Verhandlung vorgeschriebenen Förmlichkeiten im Protokoll zutreffend wiederzugeben, wenn er über die Gerichtsorganisation Bescheid weiß, sowie auch darüber, wie eine Verhandlung sich gestaltet und was alles in der Verhandlung vorkommen kann.

Gerade aus diesen Erwägungen heraus werden jetzt allgemein Lehrgänge für Urkundsbeamte eingerichtet, welche die Protokollführung zum Gegenstande haben, und deren Leitung in den Händen von Richtern liegt. Auch der Verfasser war Leiter eines solchen Lehrganges.

Diese Schrift soll nicht nur die Protokollführung in der Verhandlung erörtern, also die Fälle, in welchen der Urkundsbeamte neben dem Richter mitwirkt. Es sollen vielmehr auch die Fälle besprochen werden, in welchen der Urkundsbeamte allein ein Protokoll aufnimmt, also die Fälle, in denen Anträge und Erklärungen zu Protokoll des Urkundsbeamten abgegeben werden. Zwar werden solche Anträge oft von den Urkundsbeamten des schwierigen Bürodienstes entgegengenommen werden. In Preußen[3]) gehört diese Tätigkeit (Aufnahme von Klagen und Anträgen) zur Rate A II, also zu den Geschäften des schwierigen Bürodienstes. Es ist aber ausdrücklich auch in Preußen vorgesehen, daß diese Geschäfte von geeigneten Urkundsbeamten des einfachen Bürodienstes erledigt werden können. Jeder Beamter und Angestellter muß den Ehrgeiz besitzen, zu diesen geeigneten Beamten (bzw. Angestellten) im Sinne des § 31 Abs. II der Buko zu gehören. Diese Schrift soll ihm eine Anleitung geben, diese Fähigkeiten zu erwerben.

Somit ergeben sich außer einem Hauptteil mit Erörterungen allgemeiner Natur, insbesondere über die Gerichtsorganisation, die beiden weiteren Hauptteile:

1. Protokollführung in der Verhandlung neben dem Richter,
2. Aufnahme eines Protokolls durch den Urkundsbeamten allein.

Es soll zunächst in sämtlichen Rechtsgebieten die Protokollführung in der Verhandlung (also neben dem Richter) erörtert werden.

Bemerkt sei noch, daß diese Schrift nicht nur für die Urkundsbeamten bestimmt ist, sondern auch für jeden Juristen, welcher bei den Gerichten tätig ist, insbesondere aber für Leiter von Lehrgängen für Urkundsbeamte und für Referendare. Aus diesem Grunde habe ich immer die gesetzlichen Bestimmungen angeführt und reichlich Literaturzitate gebracht.

---

[3]) §§ 31 ff. der Buko.

§ 2.

Die Gerichtsorganisation.

Man unterscheidet für gewöhnlich eine Prozeßgerichtsbarkeit und eine freiwillige Gerichtsbarkeit. Zur Prozeßgerichtsbarkeit gehört der Strafprozeß und der Zivilprozeß. Im Strafprozeß werden Straftaten, wie z. B. Mord, Raub, Diebstahl, Beleidigung abgeurteilt. Im Zivilprozeß handelt es sich nicht um die Aburteilung von Straftaten, sondern vielmehr meistens um vermögensrechtliche Streitigkeiten der Parteien (Kläger und Beklagter), z. B. um Ansprüche aus Kauf, Darlehn. Zum Zivilprozeß im weiteren Sinne gehört auch die Zwangsvollstreckung. Diese dient zur Durchsetzung der erlangten Zivilurteile mit Hilfe des Gerichts, beziehungsweise insbesondere mit Hilfe des Gerichtsvollziehers. Unter Zwangsversteigerung versteht man die Zwangsvollstreckung in ein Grundstück. Konkurs ist die gleichzeitige Befriedigung einer Mehrzahl von Gläubigern des sogenannten Gemeinschuldners, meistens eines Kaufmanns, in einem besonderen Verfahren. Bei der freiwilligen Gerichtsbarkeit handelt es sich in der Regel um keinen Streit, sondern vielmehr um eine amtliche Fürsorgetätigkeit (Vormundschafts-, Nachlaß-, Register- und Grundbuchsachen).

Nunmehr soll die Gerichtsorganisation im Einzelnen besprochen werden:

I. Strafgerichtsbarkeit.

Nach § 12 GVG. wird die ordentliche Strafgerichtsbarkeit durch die Amtsgerichte, die Landgerichte, die Oberlandesgerichte und durch das Reichsgericht ausgeübt. — Man beachte für die folgenden Ausführungen: Verbrechen sind schwere Straftaten, z. B. Mord, Raub. Vergehen sind leichtere Straftaten, z. B. Diebstahl. Übertretungen sind die leichtesten Straftaten, z. B. grober Unfug.

1. Amtsgericht.

a) Der Amtsrichter als Einzelstrafrichter. Der Amtsrichter kann gemäß §§ 25, 26 GVG. ohne Schöffen entscheiden, also insbesondere über alle Übertretungen und über leichtere Vergehen und leichtere Verbrechen unter bestimmten Voraussetzungen. Der Einzelstrafrichter entscheidet insbesondere über alle Privatklagen.

b) Schöffengericht. Dieses ist in der Regel mit dem Amtsrichter als Vorsitzenden und mit zwei Schöffen als Beisitzern besetzt (einfaches Schöffengericht). Es kann aber auch ein zweiter Amtsrichter hinzugezogen werden (erweitertes Schöffengericht). Die Zuständigkeit des Schöffengerichts ist in den §§ 28, 29 GVG. geregelt. Das Schöffengericht ist also für alle Vergehen zuständig, soweit keine ausschließliche Zuständigkeit des Einzelstrafrichters gegeben ist, sowie ferner für alle Verbrechen mit Ausnahme der ganz schweren, welche vor das Schwurgericht gehören.

c) Jugendgericht. Das Jugendgericht ist eine besondere Art des Schöffengerichts, welches für jugendliche Personen eingerichtet ist (§ 17 JGG.). Es ist in der Regel mit einem ordentlichen Richter und zwei Schöffen besetzt. Ausnahmsweise bei schweren Straftaten, die sonst vor das Schwurgericht oder vor das Reichsgericht gehören würden, ist es mit 2 ordentlichen Richtern und 3 Schöffen besetzt. Alsdann heißt es das große Jugendgericht. (§ 17 JGG.) Das Jugendgericht ist also für jugendliche Personen zuständig, d. h. in der Regel für Personen, welche zur Zeit der Anklageerhebung über 14 Jahre und noch nicht 18 Jahre alt sind (§ 1 JGG.).

2. Landgerichte, Strafkammer. (§§ 73, 74 GVG.)

a) Kleine Strafkammer, § 76 GVG. Sie ist mit einem Richter als Vorsitzenden und zwei Schöffen besetzt. Sie ist zuständig für Berufungen gegen Urteile des Einzelstrafrichters.

b) Große Strafkammer, § 76 GVG. Sie ist mit drei Richtern einschließlich des Vorsitzenden und mit zwei Schöffen besetzt. Sie ist zuständig für Berufungen gegen Urteile des Schöffengerichts.

c) Schwurgericht, § 79 GVG. Es besteht aus drei Richtern einschließlich des Vorsitzenden und aus sechs Geschworenen (§ 81 GVG.). Es ist zuständig für ganz schwere Verbrechen, welche nicht vor das Reichsgericht oder vor das Amtsgericht gehören, also z. B. Mord (§ 80 GVG.).

3. Oberlandesgerichte, Straffenate, § 116 GVG. Die Straffenate entscheiden in erster Instanz bei Landesverrat und Verrat militärischer Geheimnisse, falls Überweisung an das Oberlandesgericht erfolgt ist (§ 120 GVG.). Sie sind alsdann mit fünf Richtern einschließlich des Vorsitzenden besetzt (§ 122 GVG.). Die Straffenate sind aber auch Revisionsinstanz. Sie entscheiden über Revisionen (Rechtsmittel) gegen Urteile untergeordneter Gerichte (§ 121 GVG.). Sie sind alsdann mit drei Richtern einschließlich des Vorsitzenden besetzt (§ 122 GVG.).

4. Reichsgericht, Straffenate, § 130 GVG. Die Straffenate entscheiden als erste Instanz bei Hochverrat, Landesverrat, Kriegsverrat, Verrat militärischer Geheimnisse (§ 134 GVG.). Sie entscheiden ferner als Revisionsinstanz, soweit nicht die Zuständigkeit der Oberlandesgerichte gegeben ist (§ 135 GVG.). Sie sind in beiden Fällen mit fünf Richtern einschließlich des Vorsitzenden besetzt (§ 139 GVG.).

II. Zivilgerichtsbarkeit im engeren Sinne (also Prozesse).

Nach § 12 GVG. wird die streitige ordentliche Zivilgerichtsbarkeit durch die Amtsgerichte, die Landgerichte, die Oberlandesgerichte und durch das Reichsgericht ausgeübt.

1. Amtsgerichte.

Der Amtsrichter erledigt die ihm obliegenden Geschäfte als Einzelrichter, soweit nichts anderes bestimmt ist (§ 22 GVG.).

a) Der Amtsrichter als Einzelrichter (§ 23 GVG.). Es handelt sich hier vor allem um Streitigkeiten über vermögensrechtliche Ansprüche, deren Gegenstand an Geld oder Geldeswert die Summe von 500 Mark nicht übersteigt, und für die keine besondere Regelung erfolgt ist.

b) Mietsschöffengericht. (Gesetz über Mieterschutz und Mietseinigungsämter in der Fassung vom 17. Febr. 1928, RGBl. 1928, S. 25 ff.). Das Mietsschöffengericht ist für sogenannte Mieterschutzsachen (Räumung eines Mietraumes) zuständig. Nach § 7 MSchG. entscheidet der Amtsrichter unter Zuziehung von Beisitzern. Nach der ersten Ausführungsverordnung des Preuß. Justizministers vom 15. August 1923 (GS. S. 405) müssen es zwei Beisitzer sein. Ein Beisitzer muß aus den Hausbesitzern und der andere aus den Mietern gewählt werden. Unter Umständen verhandelt der Amtsrichter ohne Beisitzer (§ 11 MSchG.).

c) Pachteinigungsamt. Dieses ist auf Grund der Pachtschutzordnung vom 23. Juli 1925 (RGBl. 1925, S. 152) für sogenannte Pachtschutzsachen eingerichtet worden. Bei den letzteren handelt es sich um die Verlängerung von Pachtverträgen und um die anderweitige Festsetzung der Leistungen, sofern gewisse kleinere Grundstücke Gegenstand des Pachtvertrages sind. Gemäß § 3 PSchO. muß der Vorsitzende ein ordentlicher Richter oder ein höherer Verwaltungsbeamter sein. Die Beisitzer müssen zur Hälfte aus dem Kreise der Verpächter und zur Hälfte aus dem Kreise der Pächter entnommen werden. Nach § 9 der PrPSchO. vom 19. Sept. 1927 (GS. 1927, S. 177 ff.) ist der Amtsrichter Vorsitzender. Er entscheidet mit zwei Beisitzern. Bei Zustimmung der Parteien kann er auch allein entscheiden.

d) Arbeitsgericht (auf Grund des Arbeitsgerichtsgesetzes vom 23. Dez. 1926, RGBl. 1926, S. 507). Das Arbeitsgericht ist ein selbständiges Gericht (vgl. § 14 AGG.). Es ist zuständig für Streitigkeiten zwischen Arbeitern, Angestellten mit den Arbeitgebern, soweit diese Streitigkeiten das Arbeitsverhältnis betreffen (§ 2 AGG.). Der Vorsitzende ist in der Regel ein ordentlicher Richter (§ 18 AGG.). Er entscheidet mit zwei Beisitzern (Arbeitsrichtern, § 6 AGG.), unter Umständen mit vier Beisitzern. Die Beisitzer müssen zur Hälfte dem Kreise der Arbeitgeber, zur Hälfte dem Kreise der Arbeitnehmer angehören.

2. Landgerichte.

a) Zivilkammer (§ 60 GVG.). Die Zivilkammern sind erste Instanz für alle bürgerlichen Rechtsstreitigkeiten, welche nicht dem Amtsgericht zugewiesen sind (§ 71 GVG.). Es handelt sich also hier insbesondere um Objekte über 500 Mark. Die Zivilkammern sind ferner gemäß § 72 GVG. zweite Instanz; sie entscheiden also insbesondere über Berufungen gegen Urteile des Amtsgerichts. Die Zivilkammern entscheiden auch über Berufungen und sofortige Beschwerden gegen Urteile des Mietsschöffengerichts (§ 14 MSchG.). Sie entscheiden auch über Berufungen und sofortige Beschwerden gegen Urteile des Pachteinigungsamtes (§§ 29, 37, 41, 42 Pr. PSchO.).

Die Zivilkammern sind besetzt mit drei Richtern (§ 75 GVG.). Nur für mündliche Verhandlungen in Pachtschutzsachen ist außer der Besetzung mit den drei ordentlichen Richtern die Zuziehung von zwei Laien-Beisitzern (einer aus dem Kreise der Verpächter, einer aus dem Kreise der Pächter) vorgeschrieben (§ 42 Pr.PSchO.).

b) Kammern für Handelssachen, § 93 GVG. Diese werden gebildet, falls ein Bedürfnis vorliegt. Sie sind zuständig für sogenannte Handelssachen (§ 95 GVG.). Es handelt sich hier besonders um Streitigkeiten zwischen Kaufleuten (Geschäftsinhabern). Die Kammern für Handelssachen entscheiden in Handelssachen auch als Berufungsgericht[1]). Sie sind mit einem Mitgliede des Landgerichts als Vorsitzendem und mit zwei Handelsrichtern besetzt (§ 105 GVG.). Die Handelsrichter werden dem Kaufmannsstande entnommen.

c) Einzelrichter des Landgerichts (§§ 348 ff. ZPO.). Der Einzelrichter hat die Sachen soweit vorzubereiten, bis sie als entscheidungsreif vor die Kammer gebracht werden können. Vom Einzelrichter zu unterscheiden ist der beauftragte Richter des Kollegiums (vgl. § 361 ZPO.). Letzterer erledigt nur bestimmte Handlungen im Auftrage der Kammer nach erfolgter Verhandlung vor der Kammer, z. B. eine Beweisaufnahme.

d) Landesarbeitsgerichte. Diese entscheiden über Berufungen gegen Urteile der Arbeitsgerichte. Es sind besondere Gerichte, die jedoch den Landgerichten angegliedert sind. Sie bestehen aus einem Vorsitzenden, welcher ein Mitglied des Landgerichts sein soll, und aus zwei Beisitzern, ausnahmsweise vier Beisitzern. Die Beisitzer müssen zur Hälfte dem Kreise der Arbeitnehmer und zur Hälfte dem Kreise der Arbeitgeber entnommen werden (§ 35 AGG.).

3. Oberlandesgerichte, Zivilsenate, § 116 GVG. Die Zuständigkeit ist in § 119 GVG. geregelt. Es handelt sich also um Berufungen und Beschwerden gegen Entscheidungen der Landgerichte. Die Zivilsenate entscheiden in der Besetzung mit drei Richtern (§ 122 GVG.). Es kommt auch ein Verfahren vor dem Einzelrichter in Frage (§ 523, 523a ZPO.). Für Rechtsentscheide in Pachtschutzsachen ist das Kammergericht in Berlin zuständig (§ 47 PrPSchO.).

---

[1]) Vgl. auch Sydow-Busch, An. 1 zu § 72 GVG.

4. Reichsgericht, Zivilsenate, § 130 GVG. Diese sind Revisions- und Beschwerdeinstanz, insbesondere bei Rechtsmitteln gegen Urteile der Oberlandesgerichte (§ 133 GVG.). Sie entscheiden in der Besetzung mit fünf Richtern einschließlich des Vorsitzenden (§ 139 GVG.). Für arbeitsrechtliche Sachen ist das Reichsarbeitsgericht zuständig. Dieses ist dem Reichsgericht angegliedert. Der Vorsitzende ist ein Senatspräsident beim Reichsgericht. Außerdem gehören dem Reichsarbeitsgericht zwei richterliche Beisitzer und je ein Beisitzer aus dem Kreise der Arbeitgeber und Arbeitnehmer an (§ 41 AGG.).

III. Zivilprozeß im weiteren Sinne, nämlich Zwangsvollstreckung.

Es ist grundsätzlich die Zuständigkeit des Amtsgerichts gegeben (§ 764 ZPO., § 1 ZVG., § 71 KO.). Es entscheidet der Amtsrichter allein. Beschwerdeinstanz sind die Zivilkammern oder die Kammern für Handelssachen bei dem Landgericht (vgl. §§ 72, 73 KO., § 96 ZVG. in Verbindung mit §§ 567 ff. ZPO.). Falls weitere Beschwerde zulässig ist, kommen die Zivilsenate des Oberlandesgerichts als Beschwerdeinstanz in Frage.

IV. Grundbuchsachen.

Zuständig ist in Preußen der Amtsrichter als erste Instanz (vgl. Pr. AusfG. zur GrundbuchO. vom 26. Sept. 1899). Als Beschwerdeinstanz kommt die Zivilkammer des Landgerichts in Frage (§ 72, 81 GBO.). In Preußen entscheidet das Kammergericht über die weitere Beschwerde (§ 102 GBO., Art. 7 und Art. 1 PrFGG.). Auch das Reichsgericht ist unter Umständen zuständig (§ 79 GBO.).

V. Angelegenheiten der freiwilligen Gerichtsbarkeit außer Grundbuchsachen.

Es ist die Zuständigkeit des Amtsrichters gegeben (§§ 35, 65, 69, 72, 125, 167 FGG.). Beschwerdeinstanz ist die Zivilkammer oder die Kammer für Handelssachen des Landgerichts (§§ 19, 30 FGG.). Falls eine weitere Beschwerde zulässig ist, entscheidet das Oberlandesgericht, unter Umständen in Preußen das Kammergericht; auch das Reichsgericht kommt in Frage (§§ 27, 28, 199 FGG., Art. 7 PrFGG.).

§ 3.

Allgemeines über die Bezeichnung, die Zuständigkeit und die Amtstracht des Urkundsbeamten.

Die Bezeichnung „Gerichtsschreiber" ist jetzt in Wegfall gekommen und zwar für die Reichsgesetzgebung durch das Reichsgesetz zur Änderung der Bezeichnung Gerichtsschreiberei, Gerichtsschreiber und Gerichtsdiener vom 9. Juli 1927 (RGBl. 1927 S. 175, vgl. hierzu auch die V. vom 30. Nov. 1927, RGBl. S. 334). Für die preußische Gesetzgebung ist dieselbe Regelung eingetreten durch das Gesetz vom 30. Nov. 1927 (GS. 1927, S. 201, vgl. hierzu die V. vom 9. Dez. 1927 GS. 1927, S. 204). Der preußische Justizminister hat zu den genannten Gesetzen ebenfalls Weisungen gegeben und zwar durch die AV. vom 9. Dez. 1927 (JMBl. 1927, S. 386) und durch die AV. vom 4. Febr. 1928 (JMBl. 1928 S. 92).

Sowohl bei richterlichen Verhandlungsprotokollen, als auch bei Protokollen, welche der Urkundsbeamte allein aufnimmt, ist jetzt an Stelle der früheren Bezeichnung „Gerichtsschreiber" die Bezeichnung „Urkundsbeamter der Geschäftsstelle" zu gebrauchen. Nur im Falle der Beeidigung einer beliebigen Privatperson als Protokollführer (vgl. z. B. § 187 Satz 2 StPO.) ist die Bezeichnung „Protokollführer" angebracht. In der AV. des preußischen Justizministers vom 4. Febr. 1928 ist nun folgendes bestimmt: „Falls die Bezeichnung Gerichtsschreiber durch Urkundsbeamter der Geschäftsstelle ersetzt wird, ist zu unterzeichnen: .... Justizsekretär usw. als Urkundsbeamter der Geschäftsstelle." — Diese Wendung gilt nicht nur für die Unterschrift des Urkundsbeamten der Geschäftsstelle, wenn er allein ein Protokoll aufnimmt, sie gilt vielmehr auch für die richterlichen Verhandlungsprotokolle. Die letzteren werden von dem Urkundsbeamten allerdings nur mit dem bloßen Zunamen ohne Zusatz unterzeichnet, dafür aber hat die Wendung ... Justizobersekretär usw. als Urkundsbeamter der Geschäftsstelle am Eingange des Protokolls, an der Stelle, an welcher auch die anderen amtlich mitwirkenden Personen aufgeführt werden, zu stehen.

Die Fähigkeit der Gerichtsbeamten zur Protokollführung ist in Preußen ebenfalls neu geregelt worden und zwar durch das Gesetz über die Dienstverhältnisse der mit der Wahrnehmung der Geschäfte eines Urkundsbeamten der Geschäftsstelle betrauten Beamten vom 18. Dez. 1927 (GS. S. 209). Hierzu hat der Justizminister besondere Weisungen durch die AV. vom 1. Febr. 1928 (JMBl. 1928, S. 44) und durch die AV. vom 15. März 1928, die sogenannte Buko (JMBl. 1928, S. 173 ff.) erlassen. Hervorzuheben ist besonders folgendes: Es werden Urkundsbeamte des schwierigen und des einfachen Bürodienstes unterschieden. Gemäß § 2 des Gesetzes vom 18. Dez. 1927 können die Urkundsbeamten des einfachen Bürodienstes in allen Fällen bei richterlichen Verhandlungsprotokollen als Protokollführer mitwirken. Im übrigen werden ihre sonstigen Obliegenheiten vom Justizminister bestimmt. Diese Bestimmung ist in der sogenannten Buko erfolgt (§ 31 ff.). Die Rate A enthält die Geschäfte des schwierigen Bürodienstes und die Rate B die Geschäfte des einfachen Bürodienstes. Die Rate A zerfällt nun wiederum in eine Rate A I und in eine Rate A II. Die Geschäfte der Rate A I können unter keinen Umständen von den Urkundsbeamten des einfachen Bürodienstes erledigt werden. Zur Wahrnehmung der Geschäfte der Rate A II dagegen können geeignete Urkundsbeamte des einfachen Bürodienstes, insbesondere vertretungsweise herangezogen werden. Zu den Geschäften der Rate A II gehört auch die Entgegennahme von Klagen und Anträgen zu Protokoll.

Für den Urkundsbeamten ist eine besondere Amtstracht vorgeschrieben, soweit er bei richterlichen Verhandlungen und zwar in öffentlichen Sitzungen als Protokollführer mitwirkt. (§ 89 des Pr. Ausführungsgesetzes vom 24. April 1878 zum Gerichtsverfassungsgesetz, AV. vom 12. Juli 1879, JMBl. 1879 S. 172 und S. 204.) Die Amtstracht besteht in Preußen aus Amtsrobe und Barett. Während der Eidesleistung und der Urteilsverkündung ist auch vom Urkundsbeamten das Barett zu tragen. Die durch den Krieg hervorgerufene Veränderung der wirtschaftlichen Verhältnisse ließ unter Aufhebung früherer Erleichterungen eine mildere Handhabung der Bestimmungen über die Amtstracht weiter als geboten erscheinen. Es wurde daher bestimmt, daß den Beamten, die den Protokolldienst in den öffentlichen Sitzungen versehen, bis auf weiteres auf ihren Antrag vom Vorstand des Gerichts gestattet werden kann, als Amtstracht statt der Robe einen dunklen Anzug mit schwarzer Halsbinde (zur Robe gehört weiße Halsbinde) zu tragen. (AV. vom 18. Jan. 1922 JMBl. 1922, S. 24.) Durch AV. vom 3. Sept. 1926 (JMBl. 1926, S. 341) ist der Schnitt der Amtstracht des Protokollführers geändert worden. Durch die AV. vom 15. Juni 1927 (JMBl. 1927, S. 190) ist bestimmt worden, daß für die Verhandlung vor dem Arbeitsgericht dieselbe Amtstracht gilt wie für die Verhandlung vor dem ordentlichen Gericht.

§ 4.

Allgemeines für jedes Protokoll, insbesondere Äußerlichkeiten.

Es ist ein Gebot der Selbstverständlichkeit, daß jedes Protokoll, — sei es, daß es vom Richter und vom Urkundsbeamten, sei es, daß es vom Urkundsbeamten allein aufgenommen worden ist, — ein angemessenes Äußere zeigt. Über diese Äußerlichkeiten sind reichsgesetzliche Bestimmungen nicht vorhanden. Für Preußen kommt Art. 64 PrFGG. in Frage[1]). Hiernach muß deutlich und ohne Abkürzungen geschrieben werden. Es soll nichts radiert und nichts unleserlich gemacht werden. Zusätze sollen am Schlusse oder am

[1]) Wenn diese Bestimmung auch nur von gerichtlichen Urkunden spricht, gilt sie doch für Protokolle des Urkundsbeamten allein mindestens analog. Dasselbe gilt von den Art. 53 ff. PrFGG. Die in den genannten Bestimmungen ausgesprochenen Grundsätze werden nicht nur für Preußen, sondern ganz allgemein für das Reich gelten.

Rande beigefügt und im letzteren Falle von den mitwirkenden Personen (mitwirkende Personen sind nur die Urkundspersonen, nicht die Personen, deren Erklärungen beurkundet werden), besonders unterzeichnet werden. In entsprechender Weise sollen auch andere Änderungen beurkundet werden. Auf Änderungen geringfügiger Art finden diese Vorschriften betreffend Zusätze und Änderungen keine Anwendung.

Zu beachten ist, daß auch Überklebungen unzulässig sind. Dasselbe gilt von dem Darüberschreiben in der Art, daß aus einem Wort ein anderes gemacht wird. Gerade letzteren Mißbrauch findet man häufig in der Praxis. Auch das Unterpunktieren durchstrichener Stellen ist unzulässig. Ein Durchstreichen von Sätzen und Worten ist nicht unzulässig, es ist aber nach Möglichkeit zu vermeiden[2]). Wenn auch durch den Verstoß gegen die genannten Grundsätze nicht die Ungültigkeit des ganzen Protokolls herbeigeführt wird, so wird doch der Beweiswert des Protokolls an den betreffenden Stellen vernichtet. Der Urkundsbeamte macht sich den Parteien gegenüber schadenersatzpflichtig; sein Verhalten kann auch disziplinarisch geahndet werden.

Jedes Protokoll muß selbstverständlich am Eingang Ort und Tag der Verhandlung angeben und von dem Urkundsbeamten, welcher das Protokoll aufgenommen hat, unterschrieben werden (vgl. Art. 54 PrFGG.). Eine Vorlesung und Genehmigung des Protokolls sowie eine Unterschrift des Beteiligten, d. h. derjenigen Person, deren Erklärung beurkundet wird, ist grundsätzlich nicht vorgeschrieben (vgl. Art. 55 Abs. II PrFGG.). Dies gilt also insbesondere auch für das Protokoll, welches der Urkundsbeamte der Geschäftsstelle allein aufnimmt. Es ist aber zu beachten, daß es für das Protokoll, welches Richter und Urkundsbeamter aufnehmen, Ausnahmen von dieser Regel gibt. Diese Ausnahmen werden noch besonders besprochen werden. Auch wenn der Urkundsbeamte allein ein Protokoll aufnimmt, wird es sich empfehlen, daß er dasselbe vorliest und von der Person, deren Erklärung beurkundet wird, genehmigen und unterschreiben läßt[3]). Die Vorlesung und Genehmigung ist zu beurkunden.

Es wird sich für den Urkundsbeamten empfehlen, Stempel zu benutzen, falls es sich um Formalien handelt, die häufig und regelmäßig wiederzukehren pflegen. Die eigenhändige Namensunterschrift kann natürlich durch den Gebrauch eines Namensstempels nicht ersetzt werden[4]). Falls Protokollformulare benutzt werden, ist streng darauf zu achten, daß nicht passende Stellen des Vordrucks

---

[2]) Schlegelberger, An. 5 zu Art. 64 PrFGG., S. 1085, Löwe, An. 6 zu § 271 StPO.

[3]) Vgl. Löwe, Note 9 b der Vorbemerkungen von Buch 1, Stein, An. I C zu § 159 ZPO., Schlegelberger, An. 17—19 zu § 11 FGG.

[4]) Vgl. Löwe, An. 4 zu § 271 StPO.

gestrichen werden, und daß Lücken des Vordrucks ausgefüllt werden. In der Praxis wird aus Bequemlichkeit hier viel gesündigt.

Ganz besonders für das richterliche Verhandlungsprotokoll gilt folgendes: Der Urkundsbeamte muß unbedingt auf die Reihenfolge der Beurkundungen achten. Die Feststellungen im Protokoll müssen genau dem Gange der Verhandlung entsprechen. Das Protokoll muß wie aus einem Guß hergestellt sein. Vordrucke in Formularen sind einfach zu streichen, wenn der Urkundsbeamte den Platz anderweitig braucht. Der Wortlaut des Vordrucks ist, falls es erforderlich ist, später handschriftlich zu wiederholen. In der Praxis erklärt sich der häufige Verstoß gegen das Gebot der Beachtung der zeitlichen Reihenfolge der Beurkundung nur aus der kleinlichen Sorge, man könnte doch dann einen Vordruck im Formular nicht verwenden. Es handelt sich bei dem genannten Gebote nicht etwa um eine bloße Schönheitsregel. Die Reihenfolge der Beurkundungen kann die größte praktische Bedeutung besitzen. Dies werden wir im Laufe der weiteren Ausführungen wiederholt sehen. Ein Beispiel wollen wir aber schon jetzt bringen. Falls in einer Verhandlung in einer Zivilprozeßsache einer Partei ein Armenanwalt beigeordnet wird, ist es kosten- und gebührenrechtlich von größter Wichtigkeit zu wissen, in welchem Stadium der Verhandlung diese Beiordnung erfolgte.

2. Hauptteil.

Das Verhandlungsprotokoll.

1. Unterteil: Allgemeines über das Verhandlungsprotokoll.

§ 5.

Öffentlichkeit oder Nichtöffentlichkeit der Verhandlung.

Unter Verhandlungsprotokoll verstehen wir jedes Protokoll, welches vom Urkundsbeamten der Geschäftsstelle und vom Richter aufgenommen wird. Auch die Protokolle in Sachen der freiwilligen Gerichtsbarkeit, also z. B. betreffend die Beurkundung eines Rechtsgeschäfts (Grundstückskauf, Auflassung usw.) gehören hierher.

Die Verhandlungen vor dem Gericht sind entweder öffentlich oder nichtöffentlich. Falls es sich um eine öffentliche Verhandlung handelt, muß das Protokoll einen entsprechenden Vermerk enthalten. Dieser Vermerk: „Öffentliche Sitzung des . . . . .“ befindet sich in den Protokollformularen am Eingang des Protokolls. Öffentlich ist die Verhandlung vor dem erkennenden Gericht, also in Sitzungen, in denen eine Entscheidung in der Sache, insbesondere ein Urteil erlassen werden kann (§ 169 GVG.). Öffentlich ist also in Strafsachen die Verhandlung in der Hauptverhandlung, in welcher Straftaten abgeurteilt werden. Dagegen gilt der Grundsatz der Öffentlichkeit nicht für die Termine außerhalb der Hauptverhandlung, also nicht für das Ermittelungsverfahren, für die Voruntersuchung, für die Vernehmungen nach Eröffnung des Verfahrens durch den im Wege der Rechtshilfe ersuchten oder durch den beauftragten Richter[1]). Nichtöffentlich ist aber auch die Hauptverhandlung vor dem Jugendgericht (§ 23 JGG.).

In Zivilprozeßsachen ist die Verhandlung vor dem erkennenden Gericht, also in Sitzungen, in welchen in den einzelnen Sachen Beweisbeschlüsse, Versäumnisurteile und andere Urteile ergehen können, öffentlich. Die Verhandlung ist nichtöffentlich in dem Verfahren vor dem ersuchten oder beauftragten Richter, in dem Güteverfahren[2]) vor dem Amtsgericht (§ 499c ZPO.), in dem amtsgerichtlichen Sühneverfahren in Ehescheidungssachen[3]), in dem Verfahren betreffend die Entmündigung wegen Geisteskrankheit und Geistesschwäche (§ 171 Abs. II GVG. — nicht in dem Verfahren wegen Verschwendung und Trunksucht[4])). Die Verhandlung ist ferner nichtöffentlich im Termin zur Leistung des Offenbarungseides[5]), im Termin vor dem Pachteinigungsamt (§ 14 PrPSchO.), im Vergleichstermin, wenn es sich um ein sogenanntes Vergleichsverfahren zur Abwendung des Konkurses handelt[6]), ferner auch nicht in Terminen vor dem Konkurs-[7]), Zwangsversteigerungs- und Zwangsverwaltungsgericht[8]).

In den Angelegenheiten der freiwilligen Gerichtsbarkeit ist die Verhandlung stets nichtöffentlich[9]).

In der Praxis bereitet es dem Urkundsbeamten große Schwierigkeiten, wenn in einer an sich öffentlichen Verhandlung die Öffentlichkeit ausgeschlossen werden soll. Die Ausschließung der Öffentlichkeit ist in den §§ 169 ff. GVG. geregelt. Diese Ausschließung kann auf Antrag oder von Amts wegen erfolgen. Wird ein Antrag gestellt, so ist im Protokoll anzugeben, wer diesen Antrag gestellt hat. In Ehesachen muß gemäß § 170 GVG. dem Antrage auf Ausschluß der Öffentlichkeit ohne weiteres stattgegeben werden. In Preußen ist daher in dem Formular ZP. Nr. 111 der Antrag auf Ausschließung der Öffentlichkeit schon vorgesehen. Der

---

[1]) Löwe, An. 7 zu § 169 GVG.
[2]) Stein, An. I, zu § 499c ZPO.
[3]) Stein, An. VII, 1 der Vorbemerkungen von §§ 128 ff. ZPO., auch An. I zu § 610 ZPO.
[4]) Vgl. Stein, An. IV der Vorbemerkungen von §§ 645 ff. ZPO.
[5]) Stein, An. IV zu § 900 ZPO.
[6]) Mayer, An. 5 zu § 8 VO.
[7]) Jaeger, An. 2 zu § 72 KO.
[8]) Jaeckel-Güthe, An. 1 zu § 66 ZVG. meint, die Verhandlungen in Zwangsversteigerungssachen seien öffentlich. Dies ist unzutreffend. (Vgl. auch das amtliche Protokollformular in Preußen ZV Nr. 12.)
[9]) Schlegelberger, An. 31 zu § 8 FGG.

auch für sonstige Fälle passende Vordruck des genannten Formulars lautet weiter: „Nachdem über diesen Antrag verhandelt war, wurde beschlossen, die Öffentlichkeit auszuschließen und dieser Beschluß öffentlich verkündet und ausgeführt." Dieser Vordruck ist kurz gefaßt und enthält alles Wesentliche. Jedes Wort ist aber auch unbedingt erforderlich. In dem Vordruck heißt es also zunächst „nachdem verhandelt war". Dies bedeutet, daß den Parteien (Kläger, Beklagter) und den Anwälten Gelegenheit zur Abgabe einer Erklärung gegeben worden ist. Im Strafprozeß müssen Staatsanwalt, Angeklagter, Verteidiger, Nebenkläger, Privatkläger gehört werden. Es ist aber nicht erforderlich, daß das Gericht jede der genannten Personen ausdrücklich zur Abgabe einer Erklärung auffordert. Auch wenn das Gericht ganz allgemein fragt, ob Erklärungen zur Frage des Ausschlusses der Öffentlichkeit abgegeben werden sollen, kann der Urkundsbeamte beurkunden: „nachdem über den Antrag (bzw. falls ein Antrag nicht gestellt wurde, — nachdem über die Anregung des Gerichts auf Ausschluß der Öffentlichkeit) verhandelt war, wurde beschlossen" .... Es kann auch hierfür die Wendung gewählt werden „Nach Anhörung der Beteiligten wurde beschlossen und verkündet." Der Beschluß muß öffentlich verkündet werden (§ 174 GVG.). Auch die Ausführung des Beschlusses muß beurkundet werden. Fehlt ein entsprechender Vermerk, so gilt die Förmlichkeit als nicht erfüllt[10]).

Der genannte Vordruck für den Ehescheidungsprozeß wird, wie gesagt, auch in sonstigen Fällen ausreichen, allerdings nur mit einer Ergänzung hinsichtlich der Gründe des Ausschlusses der Öffentlichkeit. In der Regel kann nämlich das Gericht gemäß § 172 GVG. die Öffentlichkeit nur ausschließen, wenn eine Gefährdung der öffentlichen Ordnung, der Staatssicherheit oder der Sittlichkeit durch die öffentliche Verhandlung zu besorgen ist. Beim Arbeitsgericht ist gemäß § 52 AGG. der Ausschluß auch bei Gefährdung von Betriebs- und Geschäftsgeheimnissen möglich. Der Beschluß muß angeben, welcher von diesen Fällen vorliegt (§ 174 GVG.). Eine weitere Motivierung des Beschlusses etwa durch eine Darlegung, wieso die Sittlichkeit gefährdet sei, ist nicht erforderlich[11]).

Die Verkündung des Urteils erfolgt gemäß § 173 GVG. in jedem Falle öffentlich. Es muß daher vor der Verkündung des Urteils die Wiederherstellung der Öffentlichkeit erfolgen, und das Protokoll muß unbedingt einen Vermerk über diese Wiederherstellung der Öffentlichkeit enthalten[12]). Es kann lediglich für die Verkündung der Urteilsgründe die Öffentlichkeit ausgeschlossen werden. Es bedarf alsdann eines besonderen zweiten mit Gründen

---

[10]) Löwe, An. 2 zu § 174 GVG.

[11]) Löwe, An. 5 zu § 174 GVG.

[12]) Vgl. Löwe, An. 4 zu § 272 StPO.

versehenen Beschlusses (§ 173 Abs. II GVG.). Diesem Beschlusse muß natürlich auch eine Verhandlung vorausgehen. Das Protokoll muß dies auch ersichtlich machen. Diese zweite Verhandlung darf erst am Schlusse der Beweisaufnahme erfolgen[13]). Gerade hier zeigt es sich, wie sehr auf die Reihenfolge der Beurkundungen zu achten ist und wie verwerflich es ist, wenn der Urkundsbeamte aus Bequemlichkeit den Protokollinhalt dort anbringt, wo er gerade Platz hat.

In der Regel wird in der Praxis über den Antrag auf Ausschließung der Öffentlichkeit in öffentlicher Sitzung verhandelt, weil gewöhnlich die Fälle so klar liegen, daß der Antrag auf Ausschluß der Öffentlichkeit nicht näher begründet zu werden braucht. Ausnahmsweise kann jedoch eine eingehende Begründung des Antrages angebracht sein, und der Beteiligte, welcher die öffentliche Verhandlung fürchtet, hätte überhaupt kein Interesse mehr am Ausschluß der Öffentlichkeit, wenn er zuvor den Antrag in öffentlicher Verhandlung eingehend begründen müßte. Denn die Öffentlichkeit wüßte ja dann schon alles, was er ihr vorenthalten möchte. Das Gesetz (§ 174 GVG.) ordnet daher an, daß über die Ausschließung der Öffentlichkeit in nichtöffentlicher Sitzung verhandelt werden muß, wenn ein Beteiligter es beantragt oder wenn das Gericht es für angemessen erachtet. Das Protokoll muß dann folgendermaßen lauten: „Der Angeklagte beantragte den Ausschluß der Öffentlichkeit wegen Gefährdung der Sittlichkeit. Er beantragte ferner, daß über diesen seinen Antrag in nichtöffentlicher Sitzung verhandelt werden solle. Das Gericht ordnete die nichtöffentliche Verhandlung über den Antrag an. Der Saal wurde geräumt. Alsdann wurde über den Antrag verhandelt. Nach Wiederherstellung der Öffentlichkeit wurde folgender Beschluß verkündet:

Die Öffentlichkeit wird wegen Gefährdung der Sittlichkeit für die Dauer der Verhandlung ausgeschlossen.

Der Beschluß wurde ausgeführt."

Die Öffentlichkeit kann auch nur für einen Teil der Verhandlung ausgeschlossen werden. Stellt sich dann später heraus, daß es angebracht ist, die Öffentlichkeit noch für weitere Teile auszuschließen, so muß eine neue Verhandlung darüber und ein neuer Beschluß erfolgen[14]).

Im Falle des Ausschlusses der Öffentlichkeit wegen Gefährdung der Staatssicherheit kann das Gericht gemäß § 174 Abs. II GVG. einen Schweigebefehl für die anwesenden Personen erlassen. Dieser ist auch zu protokollieren.

---

[13]) Löwe, An. 3 zu § 173 GVG.
[14]) Löwe, An. 4 zu § 174 GVG.

§ 6.

Mitwirkende und Beteiligte.

Jedes Protokoll muß den Namen und die Stellung (Amtsbezeichnung, Stand oder Gewerbe) der mitwirkenden und der beteiligten Personen enthalten[1]).

Unter den mitwirkenden Personen sind diejenigen Personen zu verstehen, deren Anwesenheit erforderlich ist, damit die Verhandlung stattfinden kann, und die kein eigenes, persönliches Interesse an der Verhandlung haben. Es sind amtlich und nicht amtlich mitwirkende Personen zu unterscheiden. Zu den amtlich mitwirkenden Personen gehören vor allem der Richter und der Urkundsbeamte der Geschäftsstelle. Ferner ist der von der StPO. (z. B. § 33) allerdings als Beteiligter angesprochene Staatsanwalt (im Verfahren vor dem Einzelstrafrichter der Amtsanwalt[2])) zu nennen. Dieser muß in Strafsachen mitwirken; in Ehescheidungssachen und in Entmündigungssachen (wegen Geisteskrankheit und Geistesschwäche) kann er mitwirken. Oft gehört zur ordnungsmäßigen Besetzung des Gerichts die Mitwirkung von Laienrichtern. Diese heißen in Strafsachen Schöffen oder Geschworene, in Zivilsachen wird man die Bezeichnung Beisitzer gebrauchen. Auch die Ergänzungsrichter (beamtete Richter und Laienrichter) sind im Protokoll anzugeben[3]). Die Ergänzungsrichter werden oft zu langdauernden Verhandlungen hinzugezogen, damit sie gegebenenfalls für verhinderte Richter eintreten können. Es ist üblich, daß alle diese Personen auf der linken Seite am Eingang des Protokolls vermerkt werden. Der Urkundsbeamte hat auch darauf zu achten, daß die genannten Personen bei keinem Teil der Verhandlung fehlen. Es ist nämlich überall die Anwesenheit dieser Personen zwingend vorgeschrieben (vgl. § 226 StPO.). Fehlt z. B. der Staatsanwalt im Strafprozeß bei der Urteilsverkündung[4]), so muß der Urkundsbeamte den Vorsitzenden darauf aufmerksam machen. Es wird vermutet, daß Personen, welche im Protokoll als erschienen aufgeführt sind, auch weiter anwesend geblieben sind. Der Urkundsbeamte würde daher ein falsches Protokoll herstellen, wenn er die Abwesenheit des Staatsanwalts nicht zum Ausdruck bringt. Zu beachten ist, daß ein Wechsel des Staatsanwalts eintreten kann. Dieser ist dann zu beurkunden. Gründe des Wechsels brauchen nicht angegeben zu werden.

---

[1]) Die Gesetze enthalten keine klare Regelung darüber, wer als Mitwirkender und wer als Beteiligter anzusehen ist. Es gibt nur einige spezielle Vorschriften z. B. § 188 StPO. § 168 FGG, Art. 55 PrFGG.

[2]) Vgl. AV. vom 18. Juli 1925, JMBl. 1925, S. 262.

[3]) Löwe, An. 2 zu § 272 StPO., Stein, Anm. IV zu § 159 ZPO.

[4]) Löwe, An. 2 zu § 226 StPO.

Zu den amtlich mitwirkenden[5]) Personen gehört auch der Dolmetscher. Dieser ist zuzuziehen, wenn unter Personen verhandelt wird, welche der deutschen Sprache nicht mächtig sind (§ 185 GVG.) oder wenn Personen taub oder stumm sind (§ 186 GVG.). Die Mitwirkung eines Dolmetschers kommt auch dann in Frage, wenn eine in fremder Sprache abgefaßte Schrift als Beweisstück gebraucht werden soll[6]). Die erfolgte Zuziehung des Dolmetschers und die Veranlassung dieser Maßregel muß durch das Protokoll beurkundet werden. Es ist nichts gegen die Übung in der Praxis einzuwenden, daß der Dolmetscher auf der linken Seite am Eingang des Protokolls hinter den Gerichtspersonen aufgeführt wird, (die Veranlassung der Zuziehung des Dolmetschers muß aber im eigentlichen Text des Protokolls angegeben werden), wenn der Dolmetscher vom Beginn der Verhandlung hinzugezogen wurde, und wenn er der ganzen Verhandlung beigewohnt hat. Die Nennung des Dolmetschers an der genannten Stelle wird nämlich die letztere Bedeutung haben. Wird der Dolmetscher aber erst im Laufe der Verhandlung hinzugezogen, so ist es korrekt, wenn die Zuziehung an dieser betreffenden Stelle im Protokoll vermerkt wird. Entfernt sich der Dolmetscher vor dem Schluß der Verhandlung, so ist dies anzugeben. Dagegen ist es nicht notwendig, daß bei jedem einzelnen Verhandlungsakte die Mitwirkung des Dolmetschers noch besonders erwähnt wird[7]). Dem Dolmetscher brauchen nicht die sogenannten Personalfragen (wie bei den Zeugen, z. B. § 68 StPO.) vorgelegt zu werden[8]). Wenn der Dolmetscher hinter den Gerichtspersonen aufgeführt wird, genügt also der Vermerk:

„Justizoberinspektor Müller als Dolmetscher unter Berufung auf den im allgemeinen geleisteten Dolmetschereid."

Der Dolmetscher muß nämlich gemäß § 189 GVG. in jeder Sache vereidigt werden. Wenn er für Übertragungen der betreffenden Art im allgemeinen beeidigt ist, genügt die Berufung auf den geleisteten Eid. Nur wenn der Urkundsbeamte zugleich Dolmetscher ist, bedarf es einer besonderen Beeidigung nicht (§ 190 GVG.). Falls zulässigerweise z. B. in Angelegenheiten der freiwilligen Gerichtsbarkeit (§ 179 FGG.) ein Verzicht auf die Beeidigung erfolgen sollte, muß dieser Verzicht beurkundet werden. Da ein gewissenhafter Urkundsbeamter darauf achten wird, daß das Protokoll die erforderlichen Unterschriften enthält, so mag erwähnt werden, daß der Dolmetscher als solcher üblicherweise Protokolle nicht

[5]) In der Literatur ist dies bestritten. Vgl. Schlegelberger, An. 2 zu Art. 55 PrFGG., S. 1071.

[6]) Löwe, An. 6 zu § 185 GVG.

[7]) Löwe, An. 8 zu § 185 GVG.

[8]) Löwe, An. 4 zu § 191 GVG.

unterschreibt[9]). Eine Ausnahme besteht, wenn im Verfahren der freiwilligen Gerichtsbarkeit Rechtsgeschäfte beurkundet werden z. B. Grundstückskauf, Auflassung (§§ 178, 179 FGG.). Erwähnt mag noch werden, daß die Niederschrift von Erklärungen in fremder Sprache (vgl. § 185 GVG.) auch dann durch den Dolmetscher zu geschehen hat, wenn diese Niederschrift im Protokoll selbst erfolgt[10]).

Zu den Personen, welche bei der Verhandlung zwar mitwirken, aber nicht amtlich, gehören vor allem die Zeugen und Sachverständigen[11]). Auch diese Personen sind beim Aufruf der Sache als erschienen oder nichterschienen zu vermerken, üblicherweise hinter den beteiligten Personen, welche wir nunmehr erörtern wollen.

Die beteiligten Personen haben ein persönliches Interesse an dem Ausgang der Sache. Zu ihnen sind im Strafprozeß zu rechnen: der Angeklagte, der Privatkläger (dieser verfolgt an Stelle des Staatsanwalts die strafbare Verletzung seiner Person §§ 374 ff. StPO.), der Nebenkläger (dieser tritt zwecks Verfolgung der Verletzung seiner Person dem Staatsanwalt zur Unterstützung bei §§ 395 ff. StPO.), die Beistände (Ehemann und gesetzlicher Vertreter des Angeklagten § 149 StPO.), der Verteidiger. Zu beachten ist, daß der Angeklagte vor dem Schwurgericht, sowie auch der taube oder stumme Angeklagte gemäß § 140 StPO. einen Verteidiger haben müssen. Man spricht hier von einer notwendigen Verteidigung. Ist die Verteidigung notwendig (§ 140 StPO.) oder hat das Gericht mit Rücksicht auf die Sachlage gemäß § 141 StPO. einen Verteidiger von Amts wegen bestellt, so ist die ständige Anwesenheit des Verteidigers auch im Augenblick der Urteilsverkündung erforderlich[12]). Der Urkundsbeamte hat also hier auf die Anwesenheit des Verteidigers zu achten und die Entfernung desselben gegebenenfalls zu beurkunden. Es gelten dieselben Ausführungen wie für die Anwesenheit des Staatsanwalts. Auch der Angeklagte, sowie der Privatkläger (nicht der Nebenkläger) müssen bei der Verhandlung, insbesondere auch bei der Urteilsverkündung zugegen sein[13]). Auch hierauf hat der Urkundsbeamte zu achten.

Im Zivilprozeß (im engeren Sinne) gehören zu den Beteiligten: Kläger, Beklagter (manchmal heißt die Bezeichnung Antragsteller, Antragsgegner, — wenn keine formelle Klage vorliegt, z. B. im Arrestverfahren), die Beistände der Parteien (jede prozeßfähige Person, falls kein Anwaltszwang besteht — § 90 ZPO.)

---

[9]) Von unserer (bestrittenen) Meinung aus, der Dolmetscher gehöre zu den mitwirkenden Personen, könnte man gemäß Art. 55 PrFGG. allerdings zu einem Erfordernis der Unterschrift kommen. Art. 55 PrFGG. ist jedoch nur eine Sollvorschrift.

[10]) Löwe, An. 9 zu § 185 GVG.

[11]) Im Sinne des § 188 Abs. III StPO. gehören allerdings die Zeugen und Sachverständigen zu den bei der Verhandlung beteiligten Personen.

[12]) Löwe, An. 4 zu § 226 StPO.

[13]) Löwe, An. 2a zu § 268 StPO., An. 1a zu § 397 StPO.

und ferner die Anwälte und die sonstigen Prozeßbevollmächtigten. Bemerkenswert ist, daß im Zivilprozeß vom Urkundsbeamten nicht darauf zu achten ist, daß die Parteien bei der Urteilsverkündung anwesend sind (vgl. § 312 ZPO.).

Im Zwangsvollstreckungsverfahren lauten die Parteibezeichnungen Gläubiger und Schuldner. Der Schuldner im Konkursverfahren heißt Gemeinschuldner.

Im Verfahren betreffend die Angelegenheiten der freiwilligen Gerichtsbarkeit ist Beteiligter jeder, dessen Angelegenheiten geregelt oder dessen Erklärungen beurkundet werden sollen (vgl. § 168 FGG.). Einheitliche Bezeichnungen gibt es hier nicht.

Zu beachten ist, daß in jedem Protokoll die Beteiligten üblicherweise am Eingang des Protokolls und zwar auf der rechten Seite als Erschienene aufgeführt werden.

Im Zivilprozeß im engeren Sinne (also im eigentlichen Prozeßverfahren) ist es üblich, daß bei Kläger und Beklagtem, bei Antragsteller und Antragsgegner nur der Zuname angegeben wird. Also z. B. „In Sachen Müller gegen Schulz erschienen 1. Kläger, 2. Beklagter.“ Falls das Protokoll aber einen Vergleich enthält, wird die vollständige Parteibezeichnung gewählt (also „In Sachen des Kaufmanns Franz Müller in Beuthen, Dyngostraße 13, Prozeßbevollmächtigter: Rechtsanwalt Schneider in Beuthen, Ring Nr. 1 Kläger, gegen ..... usw.).

§ 7.

Zeugen und Sachverständige.

Unter Zeugen versteht man für gewöhnlich Personen, welche in einem behördlichen, insbesondere in einem gerichtlichen Verfahren eine Aussage machen sollen. Es gibt auch Urkundszeugen, welche zur Beurkundung von Rechtsgeschäften hinzugezogen werden, um auf die Wahrung der Förmlichkeiten zu achten (§§ 169, 177 FGG.). Die Urkundszeugen interessieren aber den Urkundsbeamten weniger, weil die Zuziehung des Urkundsbeamten zur Protokollführung diese Zeugen überflüssig macht. Praktisch lernt der Urkundsbeamte nur den sogenannten Erkennungszeugen gemäß § 176 FGG. kennen. Bei der Beurkundung von Rechtsgeschäften (z. B. einer Auflassung) muß sich nämlich der Richter Gewißheit über die Persönlichkeit der Beteiligten, deren Erklärung beurkundet werden soll, verschaffen. Dies geschieht oft in der Weise, daß ein Bekannter des Beteiligten diesen ausweist. Das Protokoll lautet dann üblicherweise: „Es erschien der Kaufmann Franz Müller aus B. Dieser wurde durch den dem Richter persönlich bekannten Kaufmann Franz Schneider aus B. ausgewiesen, was Schneider durch seine Unterschrift anerkannte.

Franz Schneider.“

Im Folgenden beschäftigen wir uns also nur mit den Zeugen, welche eine Aussage machen und vernommen werden sollen.

Beim Aufruf der Sache ist festzustellen, welche Zeugen erschienen sind. Das Protokoll muß das Nähere hierüber enthalten. Ein ordnungsgemäß geladener, aber abwesender Zeuge kann in eine Ordnungsstrafe genommen werden (§ 51 StPO., § 380 ZPO.[1]). Falls ein Antrag auf Verhängung einer Ordnungsstrafe gestellt wird, ist dieser Antrag zu beurkunden. Das Gericht muß die ordnungsmäßige Ladung prüfen. Es ist aber nicht unbedingt erforderlich, daß diese Prüfung, insbesondere der Zeitpunkt der Zustellung der Ladung im Protokoll vermerkt wird. Der Ordnungsstrafenbeschluß wird üblicherweise folgendermaßen lauten:

„Beschlossen und verkündet:

Gegen den ordnungsmäßig geladenen, aber unentschuldigt ausgebliebenen Zeugen Müller wird eine Ordnungsstrafe von 10 Mark und für den Fall der Nichtbeitreibbarkeit hilfsweise eine Haftstrafe von 2 Tagen festgesetzt. Auch hat der Zeuge die durch sein Ausbleiben entstandenen Kosten zu tragen."

Nach dem Aufruf der Zeugen werden diese vom Richter belehrt. Im Strafprozeß ist dem Zeugen der Gegenstand der Untersuchung und die Person des Beschuldigten zu bezeichnen (§ 69 StrPO.). In den sonstigen Verfahren (Zivilprozeß usw.) ist dies nicht erforderlich. In jedem Verfahren wird der Zeuge über die Bedeutung des Eides belehrt (§ 60 StPO., § 480 ZPO.). Das Protokoll muß Auskunft über diese Belehrungen geben.

Die Zeugen werden einzeln und in Abwesenheit der später abzuhörenden Zeugen vernommen (§ 59 StPO., § 394 ZPO.). Es handelt sich zwar in den genannten Bestimmungen nur um Ordnungsvorschriften, deren Verletzung keine besonderen Folgen hat[2]); trotzdem werden Abweichungen von der Regel zu protokollieren sein.

Die Protokollformulare enthalten die entsprechenden Vermerke, insbesondere auch wegen der Belehrung der Zeugen. Der Urkundsbeamte muß darauf achten, daß diese Vermerke unter Umständen handschriftlich wiederholt werden müssen, z. B. wenn sich ein neuer Zeuge im Laufe des Verfahrens meldet und die Belehrung nunmehr bei diesem Zeugen erneut erfolgt. Ist überhaupt nur ein Zeuge vorhanden, so muß natürlich der Vordruck „einzeln und in Abwesenheit der später abzuhörenden Zeugen" gestrichen werden.

Bevor der einzelne Zeuge vernommen wird, kommen unter Umständen weitere Belehrungen in Frage, welche protokolliert werden müssen. Zeugen, welche mit dem Angeklagten (im Privat-

---

[1]) Zu beachten ist, daß die ZPO. abgesehen vom Strafprozeß für jedes Verhandlungsprotokoll gilt, insbesondere auch in der freiwilligen Gerichtsbarkeit (§ 15 FGG.).

[2]) Löwe, An. 1a zu § 59 StPO.

klageverfahren bei Widerklage auch mit dem Privatkläger) oder mit den Parteien (Kläger, Beklagter) verlobt, verwandt oder verschwägert sind, haben ein Zeugnisverweigerungsrecht und sind über dieses Recht zu belehren (§ 52 StPO., § 383 ZPO.). Es genügt nicht im Protokoll der Vermerk „Belehrt", sondern es muß heißen „über das Zeugnisverweigerungsrecht belehrt, erklärte der Zeuge: Ich will aussagen". Falls die Belehrung über das Zeugnisverweigerungsrecht nach Abschluß der Vernehmung zum Zwecke einer weiteren Vernehmung erneut erfolgen sollte, ist im Strafprozeß diese zweite Belehrung unbedingt zu beurkunden (§ 52 StPO.). In den sonstigen Verfahren wäre eine solche erneute Belehrung und eine solche erneute Beurkundung nicht erforderlich[3]).

Eine Belehrung über das Zeugnisverweigerungsrecht in sonstigen Fällen z. B. § 55 StPO., § 384 ZPO. (Gefahr der strafgerichtlichen Verfolgung) ist in keinem Verfahren[4]) vorgeschrieben. Erfolgt diese Belehrung trotzdem, so wird man sie auch beurkunden.

Im Strafprozeß erfolgt die Beeidigung des Zeugen grundsätzlich erst in der Hauptverhandlung. Im Vorverfahren (also, wenn noch keine Anklage und noch keine Eröffnung des Verfahrens erfolgt ist), wird der Zeuge grundsätzlich uneidlich vernommen (§ 66 StPO.). Erfolgt trotzdem ausnahmsweise im Vorverfahren die Beeidigung, so muß im Protokoll der Grund angegeben werden (§ 66 StPO.). Im Strafprozeß — in der Hauptverhandlung erfolgt die Beeidigung des Zeugen grundsätzlich vor der Vernehmung. Die Beeidigung kann jedoch aus besonderen Gründen, insbesondere wenn Bedenken gegen ihre Zulässigkeit obwalten, bis nach Abschluß der Vernehmung ausgesetzt werden (§ 61 StPO.). Im letzteren Fall heißt es dann im Protokoll „unter Aussetzung der Beeidigung". Der Grund der Aussetzung braucht nicht angegeben zu werden[5]). Diesen Vermerk wird man aber nicht wählen, wenn es sich um die Vernehmung von verlobten, verwandten, verschwägerten Zeugen (vgl. § 52 StPO.) handelt. Diese Zeugen brauchen ja nicht beeidigt zu werden. Ebenso ist der Vermerk „unter Aussetzung der Beeidigung nicht angebracht, wenn es sich um die Vernehmung von Personen unter 16 Jahren handelt (§ 57 Nr. 1 StPO.). Bei dieser kommt eine Beeidigung ganz zweifellos nicht in Frage. Bringt man nämlich erst einmal den Vermerk „unter Aussetzung der Beeidigung", dann gehört es sich, daß später ein Vermerk über die erfolgte Beeidigung oder über den Grund der Nichtbeeidigung kommt. Es müssen also die Gründe der Nichtbeeidigung angegeben werden. Eine bloße Bezugnahme auf die Bestimmungen des § 57 StPO. genügt in der Regel nicht. Im

---

[3]) Stein, An. IV zu § 383 ZPO.
[4]) Löwe, An. 7 zu § 55 StPO., Stein, An. II zu § 384 ZPO.
[5]) Löwe, An. 3b zu § 61 StPO.

Falle des § 57 Nr. 1 StPO. muß zum Ausdruck gebracht werden, ob die ungenügende Vorstellung vom Wesen des Eides auf mangelnder Verstandesreife oder auf Verstandesschwäche beruht. Im Falle des § 57 Nr. 3 StPO. reicht die Begründung aus, daß der Zeuge der Teilnahme an der den Gegenstand der Untersuchung bildenden Tat verdächtig ist. Einer näheren Angabe der besonderen Teilnahmeform (Mittäter, Anstifter, Gehilfe) bedarf es nicht[6]).

Im Zivilprozeß und überhaupt in allen anderen Verfahren abgesehen vom Strafprozeß ist die Beeidigung anders geregelt. Gemäß § 392 ZPO. erfolgt die Beeidigung nach der Vernehmung. Eine Aussetzung der Beeidigung kommt daher hier nicht in Frage. Bleiben gemäß § 393 ZPO. Zeugen unbeeidigt, so ist dies im Protokoll anzugeben. Gründe brauchen vom Richter nicht immer genannt zu werden. Werden Gründe angegeben, so sind diese natürlich auch im Protokoll zu beurkunden. § 393 ZPO. sieht insbesondere bei verwandten Zeugen, sowie bei Zeugen, welche ein rechtliches Interesse am Ausgang des Rechtsstreits haben, eine besondere Anordnung betreffend die Beeidigung vor. Das Protokoll hat alsdann zu lauten:

„Beschlossen und verkündet:

Die Beeidigung des Zeugen Müller wird angeordnet."

Falls die Parteien dieser Anordnung widersprechen, ist der Widerspruch ebenfalls zu protokollieren.

Wenn im Zivilprozeß und in sonstigen Verfahrensarten abgesehen vom Strafprozeß die Beeidigung von verlobten, verwandten und verschwägerten Zeugen angeordnet wird, also von Zeugen, welche vor der Vernehmung über das Zeugnisverweigerungsrecht zu belehren waren, so besteht keine Verpflichtung des Gerichts, die Zeugen über das Recht der Verweigerung des Eides (also nicht der Aussagen) zu belehren[7]). Sollte diese Belehrung trotzdem erfolgen, so wird man sie auch beurkunden. Anders ist es im Strafprozeß. Hier ist eine ausdrückliche Anordnung (Beschluß) betreffend die Beeidigung der verwandten usw. Zeugen im Sinne des § 52 StPO. nicht vorgesehen. Der Richter muß aber gemäß § 58 StPO., falls er die genannten Zeugen beeidigen will, diese unbedingt über das Recht der Verweigerung der Eidesleistung belehren. Das Protokoll muß diese Belehrung enthalten. Es erfolgt also hier eine doppelte Belehrung, einmal über das Zeugnisverweigerungsrecht und zweitens über das Recht, die Leistung des Eides zu verweigern.

Beim sogenannten Nacheid (= Eid nach der Vernehmung) — also im Strafprozeß ausnahmsweise, in den übrigen Verfahren aber stets, — ist noch folgendes zu beachten. Dieser Eid kann seinem

[6]) Löwe, An. 6a zu § 57 StPO.
[7]) Vergl. Stein, An. III, 2 zu § 393 ZPO.

Wortlaut nach nicht auf Erklärungen bezogen werden, welche der Zeuge nach seiner Beeidigung abgibt. Wenn der Zeuge nach Leistung des Eides von neuem befragt wird, muß er die Richtigkeit seiner nachträglichen Erklärungen unter Berufung auf den früher geleisteten Eid versichern[8]). Diese Versicherung ist zu beurkunden. Der Zeuge wird über die Bedeutung dieser Versicherung zu belehren sein. Das Protokoll soll alsdann auch diese Belehrung enthalten[9]).

Ein Verzicht auf die Beeidigung ist im Strafprozeß nicht möglich. Anders ist es gemäß § 391 ZPO. im Zivilprozeß. Es müssen im Zivilprozeß beide Parteien auf die Beeidigung verzichten. Dieser Verzicht muß protokolliert werden. Im Verfahren vor dem Arbeitsgericht ist ein solcher Verzicht nicht nötig. Hier erfolgt die Beeidigung von Zeugen und Sachverständigen nur, wenn das Gericht die Beeidigung zur Herbeiführung einer wahrheitsgemäßen Aussage für erforderlich erachtet (§ 58 AGG.). In dem Verfahren betreffend die Angelegenheiten der freiwilligen Gerichtsbarkeit entscheidet nach § 15 FGG. das Gericht nach freiem Ermessen über die Frage der Beeidigung. In den genannten Fällen braucht nicht angegeben zu werden, weshalb der Zeuge unbeeidigt blieb.

Nicht allzu selten kommt es in der Praxis vor, daß ein Zeuge nicht aussagen oder nicht schwören will. Er kann alsdann durch Strafen zur Aussage oder zur Eidesleistung angehalten werden (§ 70 StPO., § 390 ZPO.). Hat der Zeuge für seine Weigerung einen bestimmten Grund geltend gemacht, so ist dieser Grund zu protokollieren. Im Strafprozeß ist alsdann Voraussetzung der Strafverhängung, daß dem Zeugen die Unzulässigkeit des Weigerungsgrundes durch den Richter bekannt gemacht ist, und daß er dennoch bei seiner Weigerung verharrt[10]). Dies alles ist ebenfalls zu protokollieren. Abgesehen vom Strafprozeß dagegen wird über Weigerungsgründe durch Zwischenurteil entschieden (§§ 390, 387 ZPO.).

Werden Weigerungsgründe nicht angegeben, so wird in jedem Verfahren der Zeuge über seine Zeugnispflicht zu belehren sein, und es wird erst im Falle der Erfolglosigkeit dieser Belehrung die Strafe festzusetzen sein[11]). Diese Belehrung wird zweckmäßig zu protokollieren sein. Der Strafbeschluß lautet dahin, daß der Zeuge in die durch die Weigerung verursachten Kosten sowie zu einer Ordnungsstrafe in Geld, hilfsweise Haft verurteilt wird.

Der Urkundsbeamte muß sich daran gewöhnen, daß er die Tatsache der Beeidigung sofort im Protokoll vermerkt. Die Tatsache

---

[8]) § 67 StPO., Löwe, An. 1 zu § 67 StPO., § 398 Abs. III ZPO., Stein, An. I zu § 392 ZPO.

[9]) Vgl. Löwe, An. 8 zu § 67 StPO.

[10]) Löwe, An. 5a zu § 70 StPO.

[11]) Löwe, An. 5a zu § 70 SPO.

der Beeidigung kann insbesondere im Strafprozeß nur durch das Protokoll bewiesen werden[12]). Es ist schon wiederholt vorgekommen, daß einem nachträglichen Vermerk über die Beeidigung (mit anderer Tinte) in einem Meineidsprozeß kein Beweiswert zugesprochen wurde. Es wird sich empfehlen, in jedem Verfahren in betreff jedes Zeugen das Erforderliche über die Beeidigung einzeln zu vermerken[13]).

Die Vernehmung des Zeugen beginnt stets damit, daß der Zeuge über Vornamen, Zunamen, Alter, Stand oder Gewerbe und Wohnort befragt wird (§ 68 StPO., § 395 ZPO.) — Personalfragen —. Gewöhnlich wird dann der Zeuge noch darüber befragt, ob er mit dem Angeklagten oder den Parteien (Kläger, Beklagter) verlobt, verwandt oder verschwägert ist (§ 68 StPO., § 395 ZPO.) — Generalfragen —. Das Protokoll muß die Angaben hinsichtlich der genannten Fragen vollständig enthalten. In der Praxis sind Auslassungen hinsichtlich des Standes und des Wohnortes häufig, was natürlich vermieden werden muß. Die genannten Personal- und Generalfragen müssen beeidigt werden. Falls der Zeuge vor der Vernehmung beeidigt wird (im Strafprozeß), muß die Vorlegung und Beantwortung der genannten Fragen der Eidesleistung nachfolgen. Oft ist aber eine Vorlegung dieser Fragen vor der Beeidigung außerdem noch geboten[14]). Sollte im Strafprozeß die Vorlegung und Beantwortung der genannten Fragen der Beeidigung nicht nachfolgen, so müßte die Tatsache der Beeidigung nach der Angabe der Personalien vermerkt werden.

Es empfiehlt sich, die Aussagen des Zeugen (überhaupt alle Aussagen z. B. des Angeklagten) in der ersten Person (Ichform) niederzuschreiben, da dies wesentlich dazu beiträgt, Mißverständnisse zu verhüten. Wichtige Erklärungen sollen wörtlich niedergeschrieben werden. Es ist im Protokoll ersichtlich zu machen, welcher Teil der Aussagen wortgetreu wiedergegeben ist. Bei der Vernehmung von Kindern, Geisteskranken und Geistesschwachen erscheint es sachgemäß, nicht bloß die Antworten, sondern auch die Fragen wörtlich zu protokollieren[15]).

Häufig werden von dem Angeklagten, dem Staatsanwalt, von den Parteien und von den Rechtsanwälten Fragen an den Zeugen gestellt. Diese Fragen müssen protokolliert werden, wenn sie nicht zugelassen werden, z. B. weil die Fragen ungeeignet sind oder nicht zur Sache gehören (§§ 240, 241 StPO., § 397 ZPO.). Die Nichtzulassung der Frage wird durch einen mit Gründen versehenen

---

[12]) Löwe, An. 6b zu § 57 StPO. — In den sonstigen Verfahren gehört die Tatsache der Beeidigung nicht zu den Förmlichkeiten im Sinne des § 164 ZPO., vgl. Stein, An. I zu § 164 ZPO.

[13]) Vgl. Löwe, An. 6b zu § 57 StPO.

[14]) Löwe, An. 5 zu § 61 StPO.

[15]) Vgl. Löwe, An. 4 zu § 188 StPO.

Beschluß ausgesprochen[16]). Das Protokoll muß diesen Beschluß vollständig enthalten. Ist die Frage im Beschluß vollständig angegeben, so würde eine vorherige Protokollierung der Frage nicht erforderlich sein[17]). Wird eine Frage von irgendeiner Seite als unzulässig beanstandet, ergeht aber ein Beschluß über Zulassung der Frage, so hat das Protokoll auch diese Vorgänge zu enthalten. Fragen, welche von keiner Seite beanstandet und zugelassen werden, brauchen natürlich nicht ausdrücklich protokolliert zu werden.

Erfolgt eine Gegenüberstellung der Zeugen (§ 59 StPO., § 394 ZPO.), so ist dies im Protokoll zu vermerken. Werden dem Zeugen zur Auffrischung seines Gedächtnisses Protokolle über seine früheren Vernehmungen zur Einsicht vorgelegt[18]), so empfiehlt es sich, dies im Protokoll zum Ausdruck zu bringen.

Hinsichtlich der Form der Beurkundung der Zeugenaussagen ist noch folgendes zu beachten: Jede Aussage ist in jedem Verfahren einzeln niederzuschreiben. Ein Zusammenfassen mehrerer Aussagen ist unstatthaft[19]). Die Überreichung eines die Aussage enthaltenen Schriftstücks ist im Strafprozeß bei Zeugen unzulässig[20]), bei Sachverständigen aber zulässig[21]). Dagegen wird die Überreichung eines solchen Schriftstücks in sonstigen Verfahrensarten, insbesondere im Zivilprozeß sowohl bei Zeugen, als auch bei Sachverständigen für zulässig gehalten. Das Schriftstück muß in allen diesen zulässigen Fällen als Anlage zum Protokoll bezeichnet werden und üblicherweise muß dieser Vermerk vom Urkundsbeamten und vom Richter unterschrieben werden.

Dagegen ist es in jedem Verfahren zulässig, daß bei der Protokollierung der Aussage eines Zeugen auf den Inhalt früherer Protokolle Bezug genommen wird[22]). Es ist also sogar auch im Strafprozeß in der Hauptverhandlung zulässig, daß auf ein polizeiliches Protokoll im Vorverfahren Bezug genommen wird[23]). Da der Urkundsbeamte die Akten meist nicht kennt, wird er von der eben genannten Möglichkeit kaum Gebrauch machen können. Falls auf frühere Protokolle Bezug genommen wird, ist es zulässig, daß im neuen Protokolle Zusätze gemacht werden, wenn die frühere Aussage ergänzt wird.

In der Hauptverhandlung ist unter Umständen eine Protokollierung der Aussage des Zeugen überhaupt nicht erforderlich, und es genügt der Vermerk: „Der Zeuge wurde zur Sache vernommen."

---

[16]) Auch der Vorsitzende allein kann die Nichtzulassung der Frage aussprechen, vgl. § 11 dieser Schrift.
[17]) Vgl. Stein, An. II zu § 397 ZPO.
[18]) Vgl. Löwe, An. 5 zu § 253 StPO.
[19]) Vgl. Löwe, An. 8 zu § 273 StPO.
[20]) Löwe, An. 3 zu § 69 StPO.
[21]) Löwe, An. 2c zu § 82 StPO.
[22]) Vgl. Löwe, An. 3 zu § 69 StPO., Stein, An. II zu § 160 ZPO.
[23]) Löwe, An. 8 zu § 273 StPO.

Im Strafprozeß genügt der genannte Vermerk in jeder Hauptverhandlung, außer wenn sie vor dem Einzelstrafrichter oder vor dem Schöffengericht stattfindet (§ 273 Abs. II StPO.). Positiv ausgedrückt genügt also der genannte Vermerk insbesondere in der Verhandlung vor dem Schwurgericht und vor der Strafkammer. Im Zivilprozeß genügt der genannte Vermerk gemäß § 161 ZPO. in den Fällen, in welchen die Vernehmung vor dem Prozeßgericht (außer dem Einzelrichter)[24]) erfolgt ist und das Urteil der Berufung nicht unterliegt. Letzteres ist der Fall, wenn es sich um ein in der Berufungs- oder Revisionsinstanz ergehendes Urteil handelt, oder wenn im erstinstanzlichen Verfahren der Wert des Streitgegenstandes ein so geringer ist, daß die Berufungssumme (50 Mark — § 511a ZPO.) nicht erreicht wird. Für das erstinstanzliche Verfahren ist aber zu beachten, daß auch bei einem Streitwert unter 50 Mark die Berufung zulässig sein kann, wenn es sich um die Unzulässigkeit des Rechtsweges oder um Ansprüche handelt, für welche das Landgericht ohne Rücksicht auf den Streitwert zuständig ist (§ 511a Abs. IV ZPO., § 71 GVG.).

Da jedoch der Vorsitzende in allen Fällen, in welchen der Vermerk „der Zeuge wurde zur Sache vernommen" genügt, die Protokollierung der Aussage anordnen kann, wird es sich für den Urkundsbeamten empfehlen, jeweils vor der Sitzung den Vorsitzenden zu befragen.

Für den gewissenhaften Urkundsbeamten ist ferner wichtig, zu wissen, ob die Zeugenaussage vorgelesen, genehmigt und unterschrieben werden muß. Der Urkundsbeamte hat neben dem Richter auf die Wahrung dieser Formalien zu achten.

Im Strafprozeß muß in jeder Verhandlung, abgesehen von der Hauptverhandlung, also insbesondere im Vorverfahren, jede Zeugenaussage vorgelesen, vom Zeugen genehmigt und von ihm unterschrieben werden (§§ 188, 168 StPO.). Das Protokoll muß die entsprechenden Vermerke enthalten. Erfolgt die Genehmigung oder die Unterschrift nicht, so sind die Gründe anzugeben. In der Hauptverhandlung im Strafprozeß werden Zeugenaussagen grundsätzlich weder vorgelesen, noch vom Zeugen unterschrieben. Gemäß § 273 Abs. III StPO. kann jedoch der Vorsitzende die wörtliche Niederschrift einer Zeugenaussage anordnen. Diese Anordnung ist im Protokoll zu vermerken. Es muß alsdann die Verlesung der Aussage erfolgen und diese im Protokoll vermerkt werden. Ferner ist im Protokoll anzugeben, ob die Aussage genehmigt wurde oder weshalb sie nicht genehmigt wurde. Eine Unterschrift des Zeugen erfolgt hier aber nicht.

Im Zivilprozeß und in allen anderen Verfahrensarten, abgesehen vom Strafprozeß, müssen die Zeugenaussagen vorgelesen

---

[24]) Stein, An. zu § 161 ZPO.

werden (§ 162 ZPO.). Dies muß im Protokoll vermerkt werden. Dasselbe gilt von der Genehmigung, beziehungsweise der Nichtgenehmigung. Die Gründe der Nichtgenehmigung sind anzugeben. Einer Unterschrift durch den Zeugen bedarf es nicht.

In jedem Falle kann an die Stelle der Vorlesung des Protokolls die Vorlegung zur Durchsicht treten (§ 188 StPO., § 162 ZPO.).

Der Sachverständige macht im Gegensatz zu dem Zeugen keine Aussage, sondern gibt ein Gutachten ab. Auf den Sachverständigen finden grundsätzlich die für den Zeugen geltenden Vorschriften Anwendung (§ 72 StPO., § 402 ZPO.). Abgesehen vom Strafprozeß ist in den sonstigen Verfahrensarten die Beeidigung des Sachverständigen vor oder nach der Erstattung des Gutachtens möglich (§ 410 ZPO.).

Es ist in jedem Verfahren angängig, daß jemand Zeuge und Sachverständiger zugleich ist. Dann hat er beide Eide zu leisten[25]). Der sogenannte sachverständige Zeuge im Sinne des § 85 StPO., § 414 ZPO. ist nur als Zeuge anzusehen[26]).

§ 8.
Ungebühr- und Ungehorsamsstrafen sowie strafbare Handlungen in der Sitzung.

Die für sämtliche Verhandlungsprotokolle[1]) geltenden Vorschriften finden sich in den §§ 176 ff. GVG. Parteien, Beschuldigte, Zeugen, Sachverständige oder bei der Verhandlung nicht beteiligte Personen können in Ungehorsamsstrafen genommen werden, falls sie den Anordnungen des Gerichts nicht nachkommen (vgl. §§ 177, 180 GVG.). Strafmittel sind: Entfernung aus dem Sitzungszimmer, Abführung zur Haft. Bevor eine der fraglichen Maßregeln beschlossen wird, ist die betreffende Person zu hören, damit ihr die Möglichkeit, sich zu entschuldigen, nicht entzogen wird[2]). Erfolgt diese (nicht unbedingt notwendige) Anhörung, so ist sie zu protokollieren.

Es kommt ferner gegen die oben genannten Personen gemäß § 178 GVG. eine Ungebührstrafe in Frage, falls diese Personen sich ungebührlich benehmen, z. B. das Gericht beleidigen. Eine vorherige Anhörung des zu Bestrafenden ist nicht unbedingt geboten. Erfolgt aber diese Anhörung, so ist sie zu protokollieren.

Sowohl die Ungehorsams- als auch die Ungebührstrafe sind gemäß § 182 GVG. durch das Protokoll zu beurkunden. Es müssen aber auch die Vorgänge, welche den Anlaß für diese Strafen bilden, beurkundet werden. Es genügt nicht, daß diese Vorgänge in den Gründen des Beschlusses erwähnt sind, und daß dieser Beschluß in

---

[25]) Löwe, An. 3 zu § 85 StPO., Stein, An. II zu § 414 ZPO.
[26]) Löwe, An. 1 zu § 85 StPO., Stein, An. I zu § 414 ZPO.
[1]) Vgl. § 8 FGG.
[2]) Löwe, An. 10 zu § 177 GVG.

das Protokoll aufgenommen ist; vielmehr müssen die fraglichen Vorgänge vor Protokollierung des Beschlusses im Protokoll festgestellt sein[3]). Nach der maßgebenden Rechtsprechung genügen auch nachträgliche Erklärungen der beteiligten Gerichtspersonen nicht. Der Urkundsbeamte muß daher gerade hier auf eine sorgfältige Protokollführung achten. Falls die Strafen sofort vollstreckt werden, ist auch dies zu beurkunden.

Wird in einer Sitzung eine strafbare Handlung begangen (auch eine Beleidigung würde genügen), so ist der Tatbestand gemäß § 183 GVG. zu Protokoll festzustellen. Ein besonderes Protokoll hierüber braucht aber nicht aufgenommen zu werden.

§ 9.

Wechsel des Protokollführers, Zeitpunkt des Abschlusses und Änderungen des Protokolls.

Ein Wechsel des Protokollführers kann grundsätzlich in jedem Verfahren eintreten[1]). Einer Angabe des Grundes des Wechsels bedarf es nicht. Der ausscheidende Protokollführer muß das Protokoll, soweit es von ihm gefertigt wurde, unterschreiben[2]). Alsdann ist zu vermerken, daß ein neuer Protokollführer eintritt. Dieser führt das Protokoll weiter und unterschreibt es auch.

Ein Wechsel des Protokollführers ist nur in den Angelegenheiten der freiwilligen Gerichtsbarkeit und zwar bei der Beurkundung eines Rechtsgeschäfts (z. B. Auflassung) infolge der Vorschrift des § 174 FGG. ausgeschlossen.

Das Protokoll ist vom Urkundsbeamten grundsätzlich in der Verhandlung selbst anzufertigen und unmittelbar nach der Verhandlung abzuschließen. Es ist aber die Herstellung bzw. die Fertigstellung des Protokolls nach der Verhandlung nicht immer geradezu gesetzlich unzulässig[3]), und für die Unterschriftsleistung besteht überhaupt keine Zeitgrenze[4]). Der Urkundsbeamte muß aber folgendes beachten: Die Unterschrift des Urkundsbeamten ist in keinem Falle entbehrlich. Sollte dieser vor der Unterschriftsleistung versterben, so kann ein dem Gesetz entsprechendes Protokoll überhaupt nicht hergestellt werden[5]). Erfolgt der Abschluß und die unterschriftliche Vollziehung des Protokolls nicht unmittelbar nach Beendigung der Verhandlung, dann kann auch der Fall eintreten, daß der Urkunds-

---

[3]) Löwe, An. 3 zu § 182 GVG.

[1]) Vgl. Löwe, An. 3 zu § 226 StPO.

[2]) Vgl. Löwe, An. 1 zu § 271 StPO.

[3]) Löwe, An. 2 zu § 271 StPO.

[4]) Löwe, An. 4a zu § 271 StPO.

[5]) Vgl. Löwe, An. 4 zu § 271 StPO., Stein, An. I, 2 und II zu § 163 ZPO. — Für den Zivilprozeß mag allerdings die Ansicht wegen § 163 Abs. III ZPO. bestritten sein.

beamte sich an die Verhandlung nicht mehr genau erinnert. Alsdann kann er die Richtigkeit des Protokolls gar nicht einmal gewissenhaft bezeugen.

In allen Fällen jedoch, in denen eine Vorlesung von Teilen des Protokolls erfolgen muß (§§ 188, 273 Abs. III StPO., § 162 ZPO., § 177 FGG.), können diese Teile auf keinen Fall nachträglich hergestellt werden[6]). Es würde daher eine Falschbeurkundung bedeuten, wenn der Urkundsbeamte im Zivilprozeß einen Vergleich flüchtig skizziert, diese Notizen vorliest und nachträglich nach Schluß der Sitzung den Vergleich neu niederschreibt und die Notizen vernichtet.

Da der Urkundsbeamte eine eigene Verantwortlichkeit für die Richtigkeit des Protokolls hat, kann ihm der Richter keine Anweisungen dahin geben, daß die Wahrnehmungen des Richters maßgebend sein sollen. Der Richter kann z. B. nicht bestimmen, daß der Zeuge diese Aussage gemacht hat und daß sie zu protokollieren sei, wenn der Urkundsbeamte eine andere Ansicht über die tatsächlich gemachte Aussage hat. Besteht in tatsächlicher Hinsicht eine Meinungsverschiedenheit zwischen Richter und Urkundsbeamten, so darf diese nicht mit Stillschweigen übergangen werden, sondern muß im Protokoll selbst zum Ausdruck gebracht werden[7]). Der Urkundsbeamte kann also seinen Standpunkt im Protokoll selbständig darlegen oder er muß seine Unterschrift verweigern[8]).

Soweit es sich nicht um Meinungsverschiedenheiten hinsichtlich der Auffassung von tatsächlichen Vorgängen handelt, steht die Leitung dem Vorsitzenden zu. Dieser kann insbesondere bestimmen, was protokolliert werden soll. Der Vorsitzende kann auch das Protokoll diktieren[9]). Der Vorsitzende kann auch Änderungen im Protokoll anbringen. Wenn diese Änderungen als beweiskräftiger Teil des Protokolls gelten sollen, ist erforderlich, daß der Urkundsbeamte sein Einverständnis mit den Änderungen erklärt[10]). Diese Erklärung wird gewöhnlich in einem besonderen, besonders datierten Vermerk erfolgen. Sobald das Protokoll von beiden Urkundspersonen (Richter und Urkundsbeamter) unterschrieben und zu den Akten gegeben ist, darf von keiner Urkundsperson mehr etwas in das Protokoll hineingeschrieben werden. Tritt jetzt die Veranlassung zu einer Berichtigung des Protokolls ein, so muß diese Berichtigung in einer besonderen Niederschrift unabhängig vom Protokoll geschehen[11]). Es besteht auch für den Urkundsbeamten die Pflicht, falls er sich nach-

---

6) Stein, An. III zu § 159 ZPO.

7) Löwe, An. 3a zu § 271 StPO. Stein, An. I, 1 zu § 163 ZPO.

8) Stein, An. I, 1 zu § 163 ZPO.

9) Stein, An. I, 1 zu § 163 ZPO., An. III zu § 159 ZPO., Löwe, An. 3a zu § 271 StPO.

10) Löwe, An. 3a zu § 271 StPO., Stein, An. III zu § 159 ZPO.

11) Löwe, An. 5 zu § 271 StPO.

träglich von Unrichtigkeiten des Protokolls überzeugt, dies aktenkundig zu machen[12]).

Eine Fälschung des Protokolls liegt vor, wenn von den bei der Errichtung Beteiligten mit Bewußtsein dem Protokoll, sei es durch eine Niederschrift oder durch eine Hinweglassung ein unwahrer Inhalt gegeben wird. Dagegen trifft der Begriff nicht zu, wenn nur aus Mißverständnis oder Fahrlässigkeit Vorgänge, welche sich zugetragen haben, aus dem Protokoll hinweggelassen oder Vorgänge als wirkliche in das Protokoll aufgenommen sind, welche sich überhaupt nicht oder in anderer Weise zugetragen haben[13]).

Macht der Richter also etwas falsch in der Verhandlung, unterläßt er z. B. eine Belehrung, so darf der Urkundsbeamte nicht beurkunden, daß die Belehrung erfolgt ist.

§ 10.

Verwendung einer Kurzschrift.

In Strafsachen ist die Verwendung einer Kurzschrift für Protokolle unzulässig[1]). Anders dagegen ist es in den sonstigen Verfahrensarten, abgesehen von den Angelegenheiten der freiwilligen Gerichtsbarkeit. § 163a ZPO. gestattet nämlich bei Niederschriften größeren Umfangs, insbesondere bei Aussagen von Zeugen und Sachverständigen, die Verwendung einer gebräuchlichen Kurzschrift seitens des Urkundsbeamten. Die stenographische Niederschrift muß unbedingt verlesen werden. Die Vorlegung der Niederschrift zur Durchsicht ist ausgeschlossen, da die Vorlesung hier auch als Selbstkontrolle für den Urkundsbeamten von wesentlicher Bedeutung ist. Die Niederschrift ist vom Urkundsbeamten allein zu unterzeichnen; sie muß auch als Anlage zum Protokoll kenntlich gemacht und in dem letzteren in Bezug genommen werden. Der Vermerk über die Vorlesung und die Genehmigung, beziehungsweise über die Einwendungen der Beteiligten ist in das Protokoll, nicht in die stenographische Niederschrift aufzunehmen[2]). Die stenographische Niederschrift ist unverzüglich nach Beendigung des Termins in die gewöhnliche Schrift zu übertragen. Die Übertragung ist zu beglaubigen, d. h. mit einem unterschriebenen Vermerk zu versehen, inhaltsdessen die Richtigkeit der Übertragung bestätigt wird. Nicht zweifelfrei zu entziffernde Worte müssen ausgelassen oder als solche kenntlich gemacht werden. Daß der Protokollführer die Übertragung selbst anfertigt, ist nicht vorgeschrieben. Wenn die Beglaubigung auch zweckmäßig in der Regel von ihm vorzunehmen sein wird, so erscheint es andererseits auch nicht ausgeschlossen, daß sie bei seiner Behinde-

---

[12]) Löwe, An. 3b zu § 274 StPO.

[13]) Vgl. Löwe, An. 4 zu § 274 StPO.

[1]) Löwe, An. 5 zu § 188 StPO., auch An. 3 d zu § 271 StPO.

[2]) Stein, An. I zu § 163a ZPO.

rung von einem anderen vorgenommen wird[3]). Die Übertragung tritt für das weitere Verfahren an die Stelle der stenographischen Niederschrift, d. h. sie wird als Urschrift der Protokollanlage behandelt. Abschriften werden nur von der Übertragung erteilt[4]).

Das Reichsgesetz über die Angelegenheiten der freiwilligen Gerichtsbarkeit hat die Vorschriften der ZPO. über das Protokoll nicht für entsprechend anwendbar erklärt. Die Verwendung einer Kurzschrift ist daher in Angelegenheiten der freiwilligen Gerichtsbarkeit unzulässig. Dies gilt insbesondere auch für Verhandlungsprotokolle in Grundbuchsachen.

§ 11.

Allgemeines über die Kollegialgerichte.

Wie wir bei der Besprechung der Gerichtsorganisation gesehen haben, wirken in einer Verhandlung oft mehrere Richter, hauptamtlich tätige Richter oder Laienrichter mit. Ein hauptamtlich tätiger Richter ist dann der Vorsitzende. Dieser leitet die Verhandlung. Wenn der Vorsitzende Handlungen vornimmt, z. B. Belehrung des Zeugen, Beeidigung des Zeugen, Nichtzulassung von Fragen an Zeugen, Erteilung und Entziehung des Wortes, so ist es nicht unbedingt notwendig, daß im Protokolle vermerkt wird, daß der Vorsitzende den Zeugen belehrt hat usw. Es genügt, daß einfach vermerkt wird, daß der Zeuge belehrt wurde, oder daß eine Frage an den Zeugen aus diesen oder jenen Gründen nicht zugelassen wurde. Die Staatsanwaltschaft und die Beteiligten können jedoch die Handlungen des Vorsitzenden beanstanden und einen Gerichtsbeschluß (= Beschluß des Kollegiums) verlangen (vgl. § 238 StPO., § 140 ZPO.). Jedes solches Verlangen ist zu protokollieren. Es mag richtig sein, daß Handlungen des Vorsitzenden unter Umständen nicht anfechtbar sind, und daß ein Gerichtsbeschluß daher nicht erforderlich ist. Wann das jedoch der Fall ist, ist meist sogar für Juristen zweifelhaft und bestritten[1]), so daß sich der bereits genannte Satz rechtfertigt: „Der Urkundsbeamte muß stets das Verlangen nach einem Gerichtsbeschluß protokollieren.“ Ergeht dann ein Gerichtsbeschluß (Beschluß des Kollegiums), so ist dieser mit Gründen vollständig im Protokoll zu vermerken. Der Gerichts-

---

[3]) Stein, An. II zu § 163a ZPO.

[4]) Stein, An. III zu § 163a ZPO.

[1]) Nach Löwe, An. 7 zu § 238 StPO. in Verbindung mit An. 8 der Vorbemerkungen zu Buch 2, Abschnitt 6 vor §§ 226 ff. StPO. bedarf es im Strafprozeß keines Gerichtsbeschlusses bei Entscheidungen des Vorsitzenden über Eröffnung und Schließung der Verhandlung, über den Aufruf der Zeugen und Sachverständigen, über den Hinweis auf die Bedeutung des Eides, über die Belehrung über das Zeugnisverweigerungsrecht, über die Bestimmung der Reihenfolge, in welcher Beweise erhoben werden sollen, über die Erteilung und Entziehung des Wortes bei Angeklagtem, Verteidiger, Staatsanwalt, abgesehen von den Schlußvorträgen, über die An-

beschluß ist auch als solcher im Protokoll kenntlich zu machen. Es genügt aber hierfür, wenn im Protokoll die einleitenden Worte „beschlossen und verkündet" gebraucht werden[2]). Es ist nämlich in der Praxis üblich, daß in Verhandlungen vor Kollegialgerichten nur Gerichtsbeschlüsse (= Beschlüsse des Kollegiums) mit den Worten „beschlossen und verkündet" eingeleitet werden. Wenn von dem Vorsitzenden bei der Verkündung eines Beschlusses die genannten Worte gebraucht werden, sieht der Urkundsbeamte, daß ein Gerichtsbeschluß vorliegt. Der Urkundsbeamte ersieht es aber auch aus der Tatsache der Beratung, die allerdings auch oft in formloser Weise am Verhandlungstische stattfindet. Wer ganz sicher gehen will, kann auch für Gerichtsbeschlüsse (Beschlüsse des Kollegiums) im Protokoll die Wendung „Vom Gericht wurde beschlossen und durch den Vorsitzenden verkündet" wählen.

2. Unterteil.

Die Verhandlungsprotokolle in den einzelnen Verfahrensarten.

§ 12.

Verhandlungsprotokolle im Strafprozeß, abgesehen von der Hauptverhandlung.

I. Es handelt sich hier zunächst um das sogenannte vorbereitende Verfahren in Strafsachen, also um das Verfahren vor dem Gerichtsbeschluß über die Eröffnung des Hauptverfahrens. In diesem können sowohl der Amtsrichter, als auch der Untersuchungsrichter mitwirken. Gemäß § 168 StPO. gilt für das Protokoll in jedem Falle die Vorschrift des § 188 StPO. In der genannten Bestimmung sind einige Selbstverständlichkeiten für jedes Protokoll angegeben. (Unterschrift des Richters, des Urkundsbeamten, Angabe von Ort und Tag der Verhandlung, Angabe der mitwirkenden und beteiligten Personen.) Wichtiger ist die Vorschrift, daß aus dem Protokoll ersichtlich sein muß, daß die wesentlichen Förmlichkeiten gewahrt worden sind. Wir wollen nun diese Förmlichkeiten, abgesehen von den vorhin genannten Selbstverständlichkeiten, für die einzelnen Fälle erörtern:

---

ordnung kurzer Unterbrechungen (§ 228 StPO.), über die Gestattung des Weggehens bei Zeugen und Sachverständigen (§ 248 StPO.), über die Verhinderung der Entfernung des Angeklagten (§ 231 StPO.), über die Zuziehung von Ergänzungsrichtern gemäß § 192 Abs. II GVG. und über die Vernehmung des Angeklagten. Vgl. andererseits die abweichende Auffassung Steins über den Begriff der Sachleitung. (Stein, An. II und III der Vorbemerkungen vor § 128 ZPO., auch An. II zu § 140 ZPO.

[2]) Auch der Vorsitzende allein kann Beschlüsse erlassen. Vgl. Löwe, An. 2c der Vorbemerkungen zu Buch 1, Abschnitt 4 vor §§ 33 ff. StPO., auch An. 6 zu § 238 StPO.

1. Vernehmung des Beschuldigten.

Bei der ersten Vernehmung ist dem Beschuldigten zu eröffnen, welche strafbare Handlung ihm zur Last gelegt wird. Der Beschuldigte ist zu befragen, ob er etwas auf die Beschuldigung erwidern wolle (§ 136 StPO.). Ist eine Voruntersuchung angeordnet, so ist dem Beschuldigten die Verfügung, durch welche die Voruntersuchung eröffnet wurde, bekanntzugeben (§ 192 StPO.). Die Formulare z. B. in Preußen StP. Nr. 9 enthalten die entsprechenden Vordrucke.

Bei der Vernehmung des Beschuldigten sind auch die persönlichen Verhältnisse festzustellen (§ 136 StPO.). Gerade hier muß das Protokoll besonders sorgfältig angefertigt werden; denn auf Grund der Personalien werden die Vorstrafen erfordert und die Voraussetzungen des Rückfalls geprüft.

Wenn mehrere Beschuldigte vorhanden sind, ist zu beachten, daß jeder Beschuldigte einzeln und in Abwesenheit der Mitbeschuldigten zu vernehmen ist[1]). Aus dem Protokoll muß ersichtlich sein, ob dies beachtet worden ist.

Falls gegen den Beschuldigten schon ein Haftbefehl vorliegt, ist dieser vor der Vernehmung zu verkünden. Der Beschuldigte ist über folgende Rechte zu belehren:

a) Recht auf Abschrift des Haftbefehls (§ 114 StPO.).

b) Recht der Beschwerde oder wahlweises Recht auf eine mündliche Verhandlung zwecks Nachprüfung der Voraussetzungen der Verhaftung (§§ 114 d, 115 StPO.).

c) Recht auf mündliche Verhandlung in dem von Amts wegen (nach 2 Monaten Haft) einzuleitenden Haftprüfungsverfahren (§ 115 a StPO.).

Die Verkündung des Haftbefehls sowie die Belehrung des Beschuldigten über seine Rechte muß aus dem Protokoll ersichtlich sein. In letzterer Hinsicht wird im Protokoll ein Vermerk dahinlautend, daß der Beschuldigte über seine Rechte aus §§ 114, 114 d, 115, 115 a StPO. belehrt wurde, genügen.

Liegt gegen den Beschuldigten ein Haftbefehl noch nicht vor, so kann ein solcher auch im Termin ergehen. Dieser Haftbefehl muß vollständig mit Gründen, so wie er verkündet wird, zu Protokoll genommen werden. Der Urkundsbeamte neigt vielfach zu der Ansicht, es könne doch nicht viel schaden, wenn man einmal in der Eile nur den Beschluß ohne Gründe protokolliere. Diese Meinung ist verwerflich. § 34 StPO. schreibt zwingend die Protokollierung der Gründe vor. Dagegen ist es nicht erforderlich, daß der Beschuldigte zur Frage des Erlasses des Haftbefehls ausdrücklich gehört wird. § 33 StPO. gilt hier nicht[2]). Auch im Falle der Erlassung des

[1]) Löwe, An. 1 zu § 136 StPO.
[2]) Löwe, An. 1 zu § 33 StPO.

Haftbefehls im Termin muß der Beschuldigte über seine Rechte belehrt werden, und das Protokoll muß einen Vermerk hierüber enthalten.

Das Protokoll muß dem Beschuldigten vorgelesen, es muß von ihm genehmigt und unterschrieben werden. Dies alles muß aus dem Protokoll ersichtlich sein. Fehlt die Genehmigung oder die Unterschrift, so muß der Grund angegeben werden.

Nicht zu den wesentlichen Förmlichkeiten gehört es, aber sachgemäß ist es, daß im Falle der Verhaftung im Protokoll angegeben wird, daß ein Annahmebefehl für das Gefängnis (hierfür gibt es Formulare) erteilt wurde. Wird der Beschuldigte entlassen, so wird man auch dies im Protokoll vermerken.

2. Zeugen- und Sachverständigenvernehmung.

Die Grundsätze sind in § 7 dieser Schrift erörtert worden. In Preußen ist das Formular StP. Nr. 17 zu verwenden. Zu erwähnen ist noch folgendes: Gemäß § 194 StPO. kann der (anwesende) Beschuldigte von der Anwesenheit bei der Vernehmung ausgeschlossen werden, wenn zu befürchten ist, daß ein Zeuge in seiner Gegenwart die Wahrheit nicht sagen werde. Das Protokoll muß über diese Maßregel Auskunft geben[3]). Das Protokoll ist gemäß § 188 StPO. von dem Zeugen zu unterschreiben. Es gilt im übrigen dasselbe wie für die Unterschrift des Beschuldigten.

3. Augenscheinseinnahme.

Es handelt sich hier um die Besichtigung eines Gegenstandes (Tatort, Leiche). Für das Protokoll kommt § 86 StPO. in Frage. Der vorgefundene Sachbestand ist festzustellen. Der Urkundsbeamte hat für die wahrheitsgemäße Aufzeichnung des Befundes in derselben Weise wie der Richter einzustehen[4]). Zur Veranschaulichung des besichtigten Gegenstandes und zur Erläuterung des Protokolls ist erforderlichenfalls eine Handzeichnung aufzunehmen. Dieselbe ist als Anlage zum Protokoll zu bezeichnen. Dieser Vermerk ist vom Richter und vom Urkundsbeamten zu unterschreiben[5]). Außerdem ist im Protokoll selbst auf diese Handzeichnung zu verweisen.

Besondere Fälle des richterlichen Augenscheins sind die Leichenschau und die Leichenöffnung (vgl. § 87 StPO.). Bei der Leichenschau müssen die Gerichtspersonen (also auch der Urkundsbeamte) an der Besichtigung der Leiche teilnehmen. Es genügt nicht das bloße Beisein, wie bei der Leichenöffnung. Die Gerichtspersonen haben bei der Leichenschau ihre Wahrnehmung zu bekunden. Falls der zugezogene Arzt anderer Meinung ist, ist dieser als Sachverständiger zu vernehmen. Bei der Leichenöffnung wird zunächst die Persön-

---

[3]) Löwe, An. 3 zu § 188 StPO.
[4]) Löwe, An. 1c zu § 86 StPO.
[5]) Löwe, An. 6 zu § 86 StPO.

lichkeit des Verstorbenen festgestellt (§ 88 StPO.). Üblicherweise lautet das Protokoll etwa folgendermaßen: „Zufolge Ersuchens der Staatsanwaltschaft hier vom ...... hatten sich die nebenbezeichneten Gerichtspersonen in der Todesermittelungssache betreffend den ..... in die hiesige Leichenhalle begeben, um daselbst die Leichenöffnung vorzunehmen. An Ort und Stelle wurden angetroffen: 1. .... Die von dem Krankenwärter ...... vorgewiesene Leiche wurde als diejenige des ...... bezeichnet, wie er durch seine Unterschrift bezeugt.

v. g. u. ......

Hierauf wurde die Leiche den Ärzten zur Öffnung übergeben."

Der Wiedererkennungszeuge (Krankenwärter) wird also üblicherweise nicht in der Form der ordentlichen Zeugenvernehmung vernommen[6]). Die Ärzte werden alsdann als Sachverständige gehört. Hinsichtlich der Vorlesung, Genehmigung und Unterschrift gilt dasselbe wie bei der Zeugenvernehmung.

4. Mündliche Verhandlung im Haftprüfungsverfahren.

Es kann eine Beweisaufnahme erfolgen. Art und Umfang derselben bestimmt das Gericht nach freiem Ermessen (§ 115d StPO.). Die anwesenden Beteiligten und auch die Staatsanwaltschaft sind zu hören (§ 115d StPO.). Das Protokoll wird einen Vermerk über diese Anhörung sowie auch etwaige Anträge der genannten Personen enthalten müssen (§ 115d in Verbindung mit § 273 StPO.) Das Protokoll schließt mit der Entscheidung (Beschluß). In Preußen ist Formular StP. Nr. 4b zu benutzen.

II. Auch außerhalb des vorbereitenden Verfahrens können Verhandlungen erfolgen, welche nicht als Hauptverhandlung anzusehen sind. Es handelt sich um die sogenannten kommissarischen Vernehmungen.

Wenn Zeugen, Sachverständige oder Angeklagte wegen weiter Entfernung oder aus anderen Gründen verhindert sind, zur Hauptverhandlung zu erscheinen, können sie durch einen beauftragten Richter oder im Wege der Rechtshilfe durch einen ersuchten Richter vernommen werden (§§ 223, 233 StPO.) Obwohl es nicht ausdrücklich bestimmt ist, gelten für die Protokollierung dieselben Vorschriften wie für das vorbereitende Verfahren, also insbesondere § 188 StPO. hinsichtlich der Vorlesung, Genehmigung und Unterschrift. Die Vernehmung von Zeugen und Sachverständigen erfolgt grundsätzlich eidlich (§ 223 StPO.). Einer Angabe des Grundes der Beeidigung bedarf es nicht. Für die kommissarische Vernehmung des Angeklagten gibt es in Preußen ein besonderes Formular (StP. Nr. 9b).

---

[6]) Löwe, An. 1 zu § 88 StPO. verlangt diese ordentliche Vernehmung.

§ 13.

Das Protokoll in der Hauptverhandlung im Strafprozeß unter Zugrundelegung des Verfahrens vor dem Schöffengericht.

Der Wegfall der alten Schwurgerichte hat wesentlich zur Vereinfachung des Verfahrens und damit auch der Protokollführung in Strafsachen beigetragen. Trotzdem ist die Protokollführung im Strafprozeß, insbesondere in der Hauptverhandlung, bedeutend schwieriger als in anderen Verfahrensarten, insbesondere im Zivilprozeß. Dies liegt an der Auslegung, welche § 274 StPO. in der Rechtsprechung erhalten hat. Nach § 274 StPO. kann die Beobachtung der für die Hauptverhandlung vorgeschriebenen Förmlichkeiten nur durch das Protokoll bewiesen werden. — Unter den Förmlichkeiten des Verfahrens werden nun nicht nur die Förmlichkeiten im engeren Sinne (wie Besetzung des Gerichts, Öffentlichkeit) verstanden, sondern überhaupt alle Vorgänge, welche für die Rechtsbeständigkeit des Verfahrens von Bedeutung sein können. Man rechnet zu den Förmlichkeiten vor allem die Stellung von Anträgen seitens der Prozeßbeteiligten und den Inhalt und die Begründung der im Laufe der Verhandlung ergangenen Entscheidungen (des vollbesetzten Gerichts und auch des Vorsitzenden). Das Protokoll beweist nicht nur in positiver Richtung, d. h. in betreff derjenigen Tatsachen, welche darin bezeugt sind, sondern auch in negativer, d. h. was nicht in dem Protokoll bezeugt ist, gilt als nicht geschehen. Wenn eine Person als anwesend angeführt ist und über ihren Weggang nichts bemerkt ist, muß angenommen werden, daß sie bis zum Schlusse der Verhandlung anwesend gewesen ist. Anträge, insbesondere auch Beweisanträge, welche das Protokoll nicht enthält, sind als nicht gestellt anzusehen. Die Beweiskraft des Protokolls ist eine ausschließliche. Selbst der Inhalt des Urteils ist nicht geeignet, das Protokoll zu widerlegen[1]).

Nochmals wird bemerkt, daß diese Grundsätze nur für den Strafprozeß und nicht ohne weiteres für andere Verfahrensarten gelten. In der Praxis wird in Strafsachen von den Urkundsbeamten gerade in der Hinsicht viel gesündigt, daß die Anträge der Beteiligten entweder gar nicht oder unvollständig protokolliert werden.

Nunmehr wollen wir erörtern, wie sich eine Hauptverhandlung vor dem Strafgericht abspielt, und was der Urkundsbeamte alles zu beachten hat. Wir wollen von einer Hauptverhandlung vor dem Schöffengericht, als dem Normalverfahren ausgehen. In der Hauptverhandlung vor dem Einzelstrafrichter, vor dem Schwurgericht, vor der Strafkammer und vor dem Strafsenat gelten dieselben Grundsätze mit einigen Abweichungen, die wir später besprechen wollen.

---

[1]) Löwe, An. 3a zu § 274 StPO.

In Preußen ist für die Hauptverhandlung vor dem Schöffengericht (einfaches Schöffengericht) das Formular StP. Nr. 37 zu verwenden (falls ein zweiter Amtsrichter mitwirkt, kommt Formular StP. Nr. 37a in Frage). Die Schöffen, welche beim Schöffengericht mitwirken, müssen in öffentlicher Sitzung bei ihrer ersten Dienstleistung beeidigt werden (§ 51 GVG.). Diese Beeidigung wird in einem besonderen Formular (in Preußen Formular StP. Nr. 36) vermerkt. Dieses Protokoll kommt zu den Generalakten betreffend die Bildung des Schöffengerichts[2]). Wenn gegen einen Schöffen gemäß § 56 GVG. wegen Ausbleibens eine Ordnungsstrafe festgesetzt wird, ist ebenfalls ein besonderes Protokoll aufzunehmen, welches ebenfalls zu den Generalakten genommen wird. Schon jetzt wird bemerkt, daß diese Ausführungen betreffend Beeidigung und Ordnungsstrafe auch für die Geschworenen gelten.

Die Vorschriften über das Protokoll der Hauptverhandlung finden sich in den §§ 271 ff. StPO. Es ist also zunächst das Datum auszufüllen, die mitwirkenden Personen, insbesondere auch die Schöffen sind anzugeben. Das Formular enthält die Überschrift „Strafsache gegen den." Es müssen hier die Personalien des Angeklagten angegeben werden. Hierzu gehört: Vorname, Name, Stand oder Gewerbe, Aufenthaltsort (z. B. zur Zeit hier in Untersuchungshaft), Wohnort. Bei Ehefrauen ist auch der Mädchenname anzugeben. Da im Verfahren bei dem Amtsgericht vielfach die Urteilsgründe dem Protokoll angefügt werden, ist mit Rücksicht auf die AV. vom 7. Juli 1881 (JMBl. 1881, S. 152) außerdem noch das Geburtsdatum und der Geburtsort des Angeklagten zu vermerken. Die letzteren Angaben werden sich auch in dem Verfahren vor dem Schwurgericht und vor der Strafkammer empfehlen.

Das Protokollformular enthält weiter den Vermerk „wegen". Hier ist die strafbare Handlung zu bezeichnen. Gemäß § 272 Nr. 3 StPO. soll die Bezeichnung nach der Anklage erfolgen. Gemeint ist jedoch der Eröffnungsbeschluß. Es genügt die Bezeichnung der strafbaren Handlung mit ihrem Namen (z. B. Diebstahl, Unterschlagung) oder wo es an einem solchen fehlt, die Bezugnahme auf das übertretene Strafgesetz[3]) (also Angabe des Paragraphen des Strafgesetzbuches oder der Überschrift und des Datums einer Polizeiverordnung).

Alsdann ist zu vermerken, ob der Angeklagte erschienen ist. Wenn ein Verteidiger sich meldet, ist dieser im Protokoll als solcher aufzuführen. Dasselbe gilt auch für einen etwaigen Nebenkläger (§ 395 ff. StPO.). Erfolgt der Beitritt des Nebenklägers erst in der Hauptverhandlung, so muß der Nebenkläger ein Schriftstück mit seinem Beitritt überreichen (§ 396 StPO.). Die Erklärung

---

[2]) Löwe, An. 6 zu § 51 GVG.
[3]) Löwe, An. 3 zu § 272 StPO.

des Beitritts zu Protokoll des Gerichts genügt nur dann, wenn der Nebenkläger diesen Protokollvermerk unterschreibt. Falls der Angeklagte kommissarisch vernommen wurde (§ 233 StPO.), wird vom Vorsitzenden die ordnungsmäßige Ladung geprüft. Das Protokoll soll einen Vermerk hierüber enthalten, wenn es auch nicht unbedingt notwendig sein mag. Ebenso wird sich ein Vermerk über die Feststellung empfehlen, daß der Angeklagte durch Beschluß vom — auf seinen Antrag von der Verpflichtung zum Erscheinen in der Hauptverhandlung entbunden ist.

Alsdann ist im Protokoll anzugeben, welche Zeugen und Sachverständigen erschienen sind. Die genannten Personen sind mit Namen, Stand oder Gewerbe und Wohnort aufzuführen. Bei nicht erschienenen Zeugen wird vom Vorsitzenden die ordnungsmäßige Ladung festgestellt. Das Protokoll soll auch hier einen Vermerk über diese Feststellung enthalten, wenn es auch nicht unbedingt erforderlich sein mag.

Falls ordnungsmäßig geladene Zeugen oder Mitangeklagte (welche nicht kommissarisch vernommen sind) nicht erschienen sind, kann dies zu Anträgen und Beschlüssen führen. Dasselbe gilt, wenn die Nebenklage noch nicht zugelassen ist. Eine besondere Zulassung der Nebenklage ist nur hinsichtlich des Finanzamtes für das Gebiet der Reichsabgabenordnung nicht erforderlich. Der Staatsanwalt kann nun Ordnungsstrafen gegen Zeugen, Abtrennung des Verfahrens betreffend die erschienenen Mitangeklagten, Zulassung der Nebenklage beantragen. Diese Anträge (wie überhaupt alle Anträge) sind zu protokollieren. Die Begründung der Anträge braucht niemals protokolliert zu werden. Die Protokollierung dieser Begründung kann auch von keinem Antragssteller verlangt werden[4]).

Auf die erwähnten Anträge hin müssen nunmehr Entscheidungen des Gerichts (des vollbesetzten Gerichts, — nicht des Vorsitzenden) ergehen. Für diese Entscheidungen des vollbesetzten Gerichts (nicht für die Entscheidungen des Vorsitzenden) ist § 33 StPO. zu beachten. Die genannten Entscheidungen werden also nach Anhörung der Beteiligten erlassen. Unter den Beteiligten im Sinne des § 33 StPO. ist auch die Staatsanwaltschaft zu verstehen. Der Vorsitzende braucht aber diese Personen nicht ausdrücklich zu einer Erklärung aufzufordern. Schon dann, wenn der Vorsitzende durch eine kurze Atempause den Beteiligten Gelegenheit zu einer Stellungnahme gibt, ist eine Anhörung im Sinne des § 33 StPO. erfolgt. Der Urkundsbeamte muß alsdann unbedingt vor jedem Beschluß des vollbesetzten Gerichts protokollieren: „Nach Anhörung der Beteiligten wurde beschlossen und verkündet.“ In der Praxis wird oft nicht zum Ausdruck gebracht, daß eine Anhörung der Beteiligten erfolgt ist. Dies kann dann zu Verfahrensrügen

[4]) Löwe, An. 3 zu § 273 StPO.

führen und einer Revision zum Erfolg verhelfen. Es ist nicht unbedingt erforderlich, daß im Protokoll angegeben wird, welche Beteiligten gehört wurden. Es genügt, wie gesagt, der Vermerk „Nach Anhörung der Beteiligten."

Die Entscheidungen des Gerichts (dasselbe gilt auch für Entscheidungen des Vorsitzenden) sind vollständig zu protokollieren, also mit Gründen, falls solche verkündet werden (§ 34 StPO.)[5]). Es ist möglich, daß der Beschluß samt seiner Begründung besonders abgefaßt und dem Protokoll als Anlage beigefügt wird. Diese Anlage muß dann aber als solche im Protokoll ausdrücklich in Bezug genommen sein. Daß der in der Anlage enthaltene Beschluß verkündet wurde, muß im Protokoll selbst vermerkt werden[6]).

Gerade an dieser Stelle der Verhandlung wird der Urkundsbeamte oft mit dem freien Raum im Formular schlecht auskommen. Er muß versuchen, es durch kleine Schrift doch zu erreichen, daß er mit dem Raum auskommt. Sollte es aber keinesfalls möglich sein, dann wird er ein leeres Blatt verwenden müssen. Die Vordrucke auf der zweiten Seite des Formulars betreffend Belehrung der Zeugen usw. sind dann zu streichen und auf dem leeren Blatt an den entsprechenden Stellen zu wiederholen. Es ist eben streng darauf zu achten, daß das Protokoll fortlaufend geschrieben und wie aus einem Guß hergestellt ist. Es darf keinem Menschen zugemutet werden, daß er sich die einzelnen Teile des Protokolls zusammensucht.

Alsdann erfolgt in der Verhandlung die Belehrung der Zeugen und Sachverständigen durch den Vorsitzenden entsprechend den Ausführungen in § 7 dieser Schrift und entsprechend dem Vordruck im Formular. Dieser Vordruck ist aber betreffend die etwaigen Sachverständigen zu ergänzen. — Die Zeugen entfernen sich alsdann aus dem Sitzungssaal (vgl. den Vordruck im Formular). Der Sachverständige bleibt aber im Sitzungssaal. § 243 Abs. 4 StPO. gilt nicht für den Sachverständigen. Auch der Nebenkläger bleibt anwesend, selbst wenn er später als Zeuge zu vernehmen ist[7]).

Hierauf wird der Angeklagte über die persönlichen Verhältnisse vernommen. Im Protokoll genügt die Verweisung auf die Blattzahl der Akten, wenn die Personalien daselbst vollständig angegeben sind. Ist der Angeklagte nicht anwesend, so muß es im Protokoll heißen: „Die Personalien des Angeklagten, Blatt ... der Akten, wurden verlesen." Hierauf wird der Beschluß über die Eröffnung des Hauptverfahrens verlesen (vgl. Vordruck im Formular). Strafanträge brauchen nicht verlesen, auch nicht festgestellt zu werden[8]). Falls dies aber geschieht, empfiehlt sich ein Vermerk im Protokoll.

[5]) Ob Gründe nach § 34 StPO. entbehrlich sind, kann der Urkundsbeamte nicht beurteilen.

[6]) Löwe, An. 4 zu § 273 StPO.

[7]) Löwe, An. 11 und 12 zu § 243 StPO.

[8]) Löwe, An. 14 zu § 260 StPO.

Hierauf wird der Angeklagte zur Sache vernommen, nachdem er zuvor befragt worden ist, ob er etwas auf die Beschuldigung erwidern wolle (§ 243 Abs. III, 136 StPO.). Die zuletzt genannte Befragung ist auch unbedingt wesentlich. Daher findet sich auch im Protokollformular ein entsprechender Vordruck. Die Aussage des Angeklagten muß selbständig vom Urkundsbeamten niedergeschrieben werden. Dieser darf sich die Protokollierung nicht zu leicht machen und etwa nur protokollieren: „Ich bestreite." Es ist vor allem dasjenige zu protokollieren, was der Angeklagte zugibt. Um aber zu wissen, worauf es ankommt, ist es erforderlich, daß der Urkundsbeamte bei der Vorbereitung des Protokolls sich den Eröffnungsbeschluß ansieht und die daselbst genannten Paragraphen des StGB. nachliest. Wenn der Angeklagte z. B. eine Körperverletzung zugibt, sich aber auf Notwehr beruft, so ist dies in dieser Form zu protokollieren. Der Vermerk: „Ich bestreite", würde keine vollständige Protokollierung darstellen. Wenn der Angeklagte einen Tatbestand zugibt, sich aber mit sinnloser Trunkenheit entschuldigt, ist dies ebenfalls in dieser Form zu beurkunden.

Ist der Angeklagte kommissarisch vernommen worden (§ 233 StPO.), so wird das Protokoll über diese Vernehmung verlesen. Der Vordruck: „Der Angeklagte wurde befragt....", wird gestrichen. Hierfür wird folgendes protokolliert: „Das Protokoll des Amtsgerichts ...... über die kommissarische Vernehmung des Angeklagten vom ..... wurde verlesen." Dieser Vermerk genügt. Eines Beschlusses des vollbesetzten Gerichts wie bei der Verlesung des Protokolls über die kommissarische Vernehmung eines Zeugen bedarf es nicht.

Es kann nun der Fall eintreten, daß der Angeklagte die Straftat bestreitet, obwohl er sie bei einer früheren richterlichen Vernehmung zugegeben hat. Gemäß § 254 StPO. kann alsdann dieses frühere richterliche Protokoll zum Zwecke des Beweises eines Geständnisses verlesen werden. Eines besonderen Gerichtsbeschlusses, welcher die Verlesung anordnet, bedarf es nicht. Es genügt also im Protokoll der Vermerk: „Das Protokoll vom .... wurde zum Zwecke des Beweises eines Geständnisses des Angeklagten verlesen." Diese Verlesung muß unbedingt protokolliert werden[9]) (vgl. § 273 StPO.). Es ist üblich, auch den Grund der Verlesung (also oben: zum Zwecke des Beweises eines Geständnisses) gleich anzugeben. Gemäß § 255 StPO. können die Beteiligten die Angabe des Grundes der Verlesung im Protokoll beantragen. Dieser etwaige Antrag ist wie jeder andere Antrag zu protokollieren. Es kann nun auch der Fall eintreten, daß tatsächlich die Verlesung des Protokolls zum Zwecke des Beweises eines Geständnisses des Angeklagten durch Gerichtsbeschluß (Beschluß des vollbesetzten Gerichts) angeordnet wird,

---

[9]) Löwe, An. zu § 255 StPO.

z. B. weil die Beteiligten der Verlesung widersprechen. Das Protokoll muß dann natürlich diesen Widerspruch, die Anhörung der Beteiligten und den förmlichen Gerichtsbeschluß enthalten.

Oft kommt es in der Praxis vor, daß der Vorsitzende nicht die Verlesung des Protokolls zum Zwecke des Beweises eines Geständnisses des Angeklagten anordnet, der Vorsitzende begnügt sich vielmehr damit, dem Angeklagten Vorhaltungen aus dem früheren Protokoll zu machen. Dies ist zulässig[10]), solange nicht die förmliche Verlesung beantragt wurde. Der Urkundsbeamte muß beachten, daß bei Vorhaltungen aus dem Protokoll zum Zwecke des Beweises eines Geständnisses des Angeklagten es nicht erforderlich ist, daß das Protokoll sich über die Tatsache dieser Vorhaltungen ausspricht[11]).

Bei dieser Gelegenheit soll gleich bemerkt werden, daß es in der Hauptverhandlung oft vorkommt, daß ein anderes Schriftstück z. B. ein Brief des Angeklagten, welcher die abzuurteilende Beleidigung enthält, verlesen wird. Es gelten dann genau dieselben Grundsätze, welche wir eben bei der Verlesung eines Protokolls zum Zwecke des Beweises eines Geständnisses des Angeklagten kennen gelernt haben. Das Protokoll muß also unbedingt Auskunft über diese Verlesung geben (§ 273 StPO.). Die verlesenen Schriftstücke müssen genau, insbesondere nach ihrem Datum bezeichnet werden[12]). Ein Grund der Verlesung braucht grundsätzlich nicht angegeben zu werden. Ausnahmen bestehen nur für die Verlesung von Protokollen betreffend die kommissarische Vernehmung von Zeugen (§ 251 Abs. III StPO.), für die Verlesung von Protokollen zum Zwecke des Beweises eines Geständnisses des Angeklagten, sowie von Protokollen zur Unterstützung des Gedächtnisses eines Zeugen (§§ 253, 254, 255 StPO.[13]). Für den Urkundsbeamten wird sich auch hier wieder die praktische Regel ergeben: Wenn Gründe für eine Anordnung der Verlesung von Schriftstücken, insbesondere auch von Protokollen angegeben werden, ist diese Anordnung stets mit den Gründen zu protokollieren. Der Vorsitzende kann, ebenso wie wir es im Falle des § 254 StPO. (Beweisaufnahme über ein Geständnis des Angeklagten durch ein früheres Protokoll) kennen gelernt haben, auch aus einem beliebigen Schriftstück mündliche Mitteilungen machen, anstatt das Schriftstück zu verlesen. Diese mündlichen Mitteilungen sind jedoch nur zulässig, solange die Verlesung von keinem Beteiligten beantragt worden ist[14]). Dieser Antrag ist wie jeder andere Antrag zu protokollieren. — Für die mündlichen Mit-

---

[10]) Löwe, An. 6 zu § 254 StPO.
[11]) Löwe, An. zu § 255 StPO.
[12]) Löwe, An. 2 zu § 273 StPO.
[13]) Vgl. Löwe, An. 3a zu § 249 StPO.
[14]) Löwe, An. 3c zu § 249 StPO.

teilungen aus einem Schriftstück gilt also auch hier die Regel, daß das Protokoll keinen Vermerk hierüber zu enthalten braucht[15]).

Nunmehr wird in der Hauptverhandlung die Vernehmung der Zeugen erfolgen. Die Grundsätze haben wir in § 7 dieser Schrift bereits kennen gelernt. Folgendes wird nachgetragen: Die Protokollierung der Zeugenaussagen erfolgt in der Hauptverhandlung im Strafprozeß regelmäßig nicht nach Diktat des Vorsitzenden, sondern vielmehr in selbständiger Weise durch den Urkundsbeamten. Es braucht nur der wesentliche Inhalt der Aussage protokolliert zu werden. Um zu entscheiden, was wesentlich ist, muß auch hier der Urkundsbeamte den Eröffnungsbeschluß und den Wortlaut der gesetzlichen Tatbestände genau kennen. Der Vorsitzende kann dem Protokollführer Richtlinien für die Frage, was im einzelnen Fall wesentlich ist, geben[16]). In der Praxis begnügt sich der Urkundsbeamte oft mit der bloßen Angabe der gesetzlichen Tatbestandsmerkmale z. B.: „der Angeklagte leistete Widerstand" (§ 113 StGB.) oder „der Angeklagte beschimpfte den Zeugen Müller" (§ 185 StGB.). Eine derartige Protokollierung ist wertlos. Es muß angegeben werden, wodurch Widerstand geleistet wurde und wie die Schimpfworte lauteten.

Falls ein sogenanntes Kreuzverhör im Sinne des § 239 StPO. vorkommen sollte (Vernehmung des Zeugen durch Staatsanwalt und Verteidiger), so ist der übereinstimmende Antrag des Staatsanwalts und des Verteidigers, sowie die Gestattung und Ausführung des Kreuzverhörs im Protokoll zu vermerken.

Zeugen und Sachverständige erinnern sich unter Umständen an ihre Erklärungen bei früheren Vernehmungen nicht mehr. Es ist zulässig, daß Protokolle über frühere Vernehmungen zur Unterstützung des Gedächtnisses der Zeugen und Sachverständigen verlesen werden (§ 253 StPO.). Die Verlesung des Protokolls muß unbedingt beurkundet werden (§ 273 StPO.). Wenn der Vorsitzende dem Zeugen oder Sachverständigen nur mündliche Vorhaltungen aus der früheren Aussage macht, oder wenn er den genannten Personen die Protokolle zur Einsicht vorlegt[17]), braucht das Hauptverhandlungsprotokoll hierüber nichts zu enthalten. Ein Vermerk ist aber empfehlenswert. Im übrigen gelten die Ausführungen betreffend die Verlesung eines Protokolls zum Zwecke des Beweises eines Geständnisses des Angeklagten auch hier.

Besonders strenge Formvorschriften gelten, wenn an Stelle der mündlichen Vernehmung eines Zeugen, Sachverständigen oder Mitbeschuldigten in der Hauptverhandlung das frühere Protokoll zur Verlesung gelangt (§ 251 StPO.). Es handelt sich also besonders um die Fälle, in denen ein Zeuge, Sachverständiger oder Mitbeschul-

---

15) Vgl. Löwe, An. 9 zu § 249 StPO., auch An. 2 zu § 273 StPO.
16) Löwe, An. 8 zu § 273 StPO.
17) Vgl. Löwe, An. 5 zu § 253 StPO.

digter gestorben ist, oder in denen ein Zeuge oder Sachverständiger kommissarisch (§ 223 StPO.) vernommen worden ist. In allen Fällen des § 251 StPO. ist die Erlassung und Verkündung eines mit Gründen versehenen Gerichtsbeschlusses das unerläßliche Erfordernis der Verlesung. § 251 StPO. enthält den einzigen Fall, in welchem bei Verlesung von Schriftstücken bzw. von Protokollen von vornherein ein Gerichtsbeschluß erforderlich ist und eine Anordnung des Vorsitzenden nicht genügt. In allen anderen Fällen ist ein Gerichtsbeschluß nur bei Beanstandung der Anordnung des Vorsitzenden erforderlich (vgl. § 11 dieser Schrift).

Bei der kommissarischen Vernehmung von Zeugen und Sachverständigen ist zu beachten, daß die Gründe für die kommissarische Vernehmung noch fortbestehen müssen oder daß neue Gründe die kommissarische Vernehmung rechtfertigen müssen [18]). Der Vorsitzende muß angeben, ob die Aussage beeidigt ist oder nicht (vgl. § 251 Abs. III StPO.). Einer Mitteilung der Gründe der geschehenen oder unterlassenen Beeidigung bedarf es nicht [19]). Das Protokoll wird daher folgendermaßen lauten müssen:

„Nach Anhörung der Beteiligten wurde beschlossen und verkündet:

Das Protokoll des Amtsgerichts Breslau vom 1. Juli 1928 über die kommissarische Vernehmung des Zeugen Müller soll verlesen werden, da der Grund der kommissarischen Vernehmung, nämlich weite Entfernung noch fortbesteht.

Der Beschluß wurde ausgeführt. Der Vorsitzende bemerkte, daß der Zeuge eidlich vernommen wurde."

Häufig wird zu befürchten sein, daß ein Zeuge in Gegenwart des Angeklagten die Unwahrheit sagen wird. Das Gericht (nicht der Vorsitzende) kann dann gemäß § 247 StPO. den Angeklagten aus dem Sitzungszimmer abtreten lassen. Bemerkt wird, daß die genannte Bestimmung auch für die Fälle gilt, in denen zu befürchten ist, daß ein Mitangeklagter in Gegenwart des anderen Angeklagten die Unwahrheit sagen wird, oder in denen der Angeklagte wegen ordnungswidrigen Benehmens entfernt wird. Voraussetzung für die genannten Anordnungen ist ein mit Gründen versehener und zu protokollierender Gerichtsbeschluß; eine Anordnung des Vorsitzenden genügt also nicht [20]). Vor Erlassung des Gerichtsbeschlusses müssen wie bei jedem anderen Gerichtsbeschlusse die Beteiligten angehört werden. Auch hier genügt die Formel „nach Anhörung der Beteiligten". Es empfiehlt sich aber hier der Zusatz: „insbesondere des Angeklagten". Wird ein Antrag auf Erlassung des genannten Beschlusses aus § 247 StPO. gestellt, der Antrag aber zurückgewiesen,

---

18) Löwe, An. 10 zu § 251 StPO.
19) Löwe, An. 14 zu § 251 StPO.
20) Löwe, An. 1 zu § 247 StPO.

so hat das Protokoll den Antrag und den zurückweisenden Beschluß zu enthalten.

Falls ein Beschluß aus § 247 StPO. ergeht, darf der Angeklagte von der Beeidigung des Zeugen nicht ferngehalten werden, es sei denn, daß seine Entfernung wegen ordnungswidrigen Benehmens angeordnet wurde[21]). Gerade hier zeigt es sich wieder, wie sehr es auf die Reihenfolge der Beurkundungen und auf gewissenhafte Protokollierung ankommt. Wird der Angeklagte zeitweise wiedereingeführt, weil er angehört werden muß, z. B. zur Frage des Ausschlusses der Öffentlichkeit[22]), so muß die Wiedereinführung, die Anhörung und die Entfernung des Angeklagten beurkundet werden. Wenn der Angeklagte endgültig wieder vorgelassen wird, muß er gemäß § 247 StPO. von dem Vorsitzenden über den wesentlichen Inhalt der Aussagen und der Verhandlung unterrichtet werden. Auch die Anträge sind dem Angeklagten mitzuteilen[23]). Das Protokoll muß die Tatsache der Mitteilung sowie auch den Umfang der Mitteilung enthalten (z. B. „es wurde dem Angeklagten die Aussage des Zeugen Müller und der Beweisantrag des Staatsanwalts mitgeteilt"). Ein ganz besonders gewissenhafter Vermerk des Abtretens des Angeklagten sowie der Wiedervorlassung ist dann geboten, wenn die abwechselnde Entfernung mehrerer Mitangeklagter angeordnet wird. Die in § 247 StPO. vorgesehene Mitteilung hat nämlich in Anwesenheit sämtlicher Angeklagten zu erfolgen[24]).

Wenn ein Zeuge oder Sachverständiger vor Beendigung der Hauptverhandlung durch den Vorsitzenden entlassen wird, ist § 248 StPO. zu beachten. Die Beteiligten sind vorher zu hören. Dies bedeutet eine Ausnahme von § 33 StPO. Vor dem Erlaß einer Anordnung des Vorsitzenden brauchen sonst die Beteiligten nicht gehört zu werden. Die Anhörung der Beteiligten über die Entlassung eines Zeugen oder Sachverständigen, die etwaige Erklärung des Einverständnisses sowie die Tatsache der Entlassung sind im Protokoll zu vermerken.

Als Beweisaufnahme kann auch ein richterlicher Augenschein erfolgen (z. B. ein Messer, ein gefälschtes Schriftstück wird besichtigt). Im Protokoll braucht nur erwähnt zu werden, daß und welche Gegenstände vom Gericht besichtigt wurden. Dagegen ist es nicht notwendig, das Ergebnis des Augenscheins in das Protokoll aufzunehmen[25]).

Die Entwicklung der Verhandlung im einzelnen Falle kann den Anlaß zu besonderen Maßnahmen und Anträgen geben.

---

[21]) Löwe, An. 2 zu § 247 StPO.
[22]) Löwe, An. 2 zu § 174 GVG.
[23]) Löwe, An. 4 zu § 247 StPO.
[24]) Löwe, An. 5 zu § 247 StPO.
[25]) Löwe, An. 2 zu § 273 StPO.

Es kann zunächst gemäß § 265 StPO. die Hinweisung des Angeklagten auf die Veränderung des rechtlichen Gesichtspunktes erforderlich sein. Diese Hinweisung erfolgt durch den Vorsitzenden. Daß die Hinweisung erfolgt ist, muß unbedingt protokolliert werden [26]), ebenso muß der neue rechtliche Gesichtspunkt durch Bezeichnung des in Frage kommenden Paragraphen im Protokoll angegeben werden. Wenn der neue Paragraph verlesen wird, ist dies besonders im Protokoll zu vermerken. Die Verlesung des neuen Paragraphen durch den Vorsitzenden ist bei rechtsunkundigen Angeklagten geboten [27]). Nach der Hinweisung muß dem Angeklagten noch Gelegenheit zur Verteidigung gegeben worden sein. Das Protokoll muß einen entsprechenden Vermerk enthalten [28]).

Im Laufe der Verhandlung kann sich herausstellen, daß der Angeklagte noch eine andere strafbare Handlung begangen hat. Die Staatsanwaltschaft kann wegen dieser neuen Straftat in der Hauptverhandlung Anklage erheben (§ 266 StPO.). Diese Anklage hat die Form einer gewöhnlichen Anklage. Sie enthält also die gesetzlichen Tatbestandsmerkmale entsprechend dem Paragraphen des Strafgesetzbuches, welcher in Frage kommt. Die erhobene Anklage muß in dieser Form protokolliert werden. Es sind also insbesondere auch die gesetzlichen Bestimmungen zu vermerken [29]). Der Angeklagte ist über die Anklage der Staatsanwaltschaft zu hören und zu befragen, ob er mit der sofortigen Aburteilung einverstanden ist. Falls er ausdrücklich [30]) seine Zustimmung erklärt, ist dies im Protokoll anzugeben.

Das Ergebnis der Hauptverhandlung kann auch den Anlaß geben zur Stellung von Beweisanträgen seitens der Staatsanwaltschaft, des Angeklagten, des Nebenklägers und des Verteidigers. Unter einem Beweisantrag (vgl. § 244 Abs. II StPO.) ist jedes in der Hauptverhandlung gestellte Verlangen einer der vorhin genannten Personen, über bestimmte Behauptungen durch Benützung bestimmter Beweismittel Beweis zu erheben, zu verstehen [31]). Auf den Gebrauch des Wortes Antrag kommt es nicht an. Unter Umständen mag ein Beweisantrag im Sinne des Gesetzes nicht vorliegen [32]); für den Urkundsbeamten gilt die praktische Regel, daß er jedes Verlangen nach einer Beweiserhebung als Beweisantrag behandeln muß.

Wird dem Beweisantrag stattgegeben und der Beweis sofort erhoben, so bedarf es nur der Erwähnung, nicht aber der ge-

---

[26]) Löwe, An. 8 zu § 265 StPO.
[27]) Löwe, An. 5 b zu § 265 StPO.
[28]) Löwe, An. 6 a zu § 265 StPO.
[29]) Löwe, An. 7 b zu § 266 StPO.
[30]) Vgl. Löwe, An. 7 a zu § 266 StPO.
[31]) Löwe, An. 8 a zu § 244 StPO.
[32]) Vgl. Löwe, An. 8 a zu § 244 StPO.

nauen Protokollierung des Beweisantrages. — Die Anordnung der neuen Beweiserhebung braucht grundsätzlich kein Beschluß des Gerichts zu sein (vgl. § 244 Abs. II StPO.); es kommt also auch eine Anordnung des Vorsitzenden in Frage. Es genügt also, falls kein Beschluß des Gerichts ergeht, folgender Vermerk im Protokoll: „Auf den Antrag des Angeklagten hin wurde der an Gerichtsstelle anwesende Kaufmann Müller von hier vorgerufen, mit dem Gegenstande der Untersuchung und der Person des Angeklagten bekannt gemacht, auf die Bedeutung des Eides hingewiesen und nach erfolgter Beeidigung wie folgt vernommen."

Ergeht aus irgendwelchen Gründen ein Gerichtsbeschluß, welcher die Vernehmung des Zeugen anordnet, so ist dieser Gerichtsbeschluß wie überhaupt jeder Gerichtsbeschluß in der für Gerichtsbeschlüsse besprochenen Form zu protokollieren. Ergeht sogar ein mit Gründen versehener Gerichtsbeschluß, z. B. im Falle des Widerspruchs von Beteiligten, so sind auch die Gründe zu protokollieren. Möglicherweise ist ein begründeter Beschluß unnötig[33]), für den Urkundsbeamten gilt die praktische Regel, daß jeder mit Gründen versehene Beschluß des Gerichts (auch jede mit Gründen versehene Entscheidung des Vorsitzenden) auch in dieser Form zu protokollieren ist.

Wird einem Beweisantrage nicht durch sofortige Erhebung des beantragten Beweises stattgegeben, so ergibt sich für den Urkundsbeamten die praktische Regel, daß er den Beweisantrag sofort vollständig zu protokollieren hat. Sollte der beantragte Beweis später in der Verhandlung erhoben werden, so mag der vollständig protokollierte Beweisantrag ruhig als überflüssig stehen bleiben. Nur dann braucht der Beweisantrag nicht im Protokoll vermerkt zu werden, wenn der Antragsteller z. B. auf Zureden des Vorsitzenden erklärt, der von ihm gestellte Beweisantrag solle einstweilen nicht als gestellt gelten. Im letzteren Falle ist der Beweisantrag erst dann zu protokollieren, wenn er wieder gestellt wird.

Das Protokoll muß in folgenden Fällen die vollständigen Beweisanträge enthalten:

1. wenn der Beweisantrag durch besonderen Beschluß abschlägig beschieden wurde,
2. wenn eine besondere Entscheidung über den Beweisantrag überhaupt nicht ergangen ist (z. B. das Gericht hat den Beweisantrag übersehen oder es lehnt den Beweisantrag in den Urteilsgründen ab).
3. wenn dem Beweisantrage stattgegeben, die Verhandlung aber vertagt wurde.

Die Forderung der vollständigen Protokollierung der Beweisanträge gilt auch für den Fall Nr. 3, wenn es auch richtig sein

[33]) Vgl. Löwe, An. 7 b zu § 244 StPO. (Gründe sind nur nötig, wenn die Zulässigkeit der Form, in welcher Beweis erhoben werden soll, auf Widerspruch stößt.)

mag, daß aus einer Verletzung der genannten Forderung bei Fall Nr. 3 Rechtsnachteile für den Antragsteller kaum entstehen werden. — Zur vollständigen Protokollierung des Beweisantrages gehört zunächst die Angabe des Beweisthemas, d. h. der Fragen, über welche Beweis erhoben werden soll. Es genügt eine Zusammenfassung dieser Fragen; das Wesentliche muß aber protokolliert werden. Außer dem Beweisthema sind die einzelnen Zeugen oder Sachverständigen mit Namen und genauen Adressen anzugeben. Mit einem Vermerk im Protokoll „Angeklagter beantragte Vertagung und Vernehmung weiterer Zeugen", wie man es leider vielfach in der Praxis erlebt, kann man also nichts anfangen. Oft werden Beweisanträge nur eventuell gestellt, d. h. nur für den Fall, daß das Gericht ein dem prinzipalen (ersten) Antrage entsprechendes Urteil nicht erlassen sollte. Diese Eventualanträge sind als solche zu kennzeichnen. (Beispiel eines Eventualantrages beim Schlußvortrag: Angeklagter beantragte Freispruch. Hilfsweise beantragte er die Vernehmung des Kaufmanns Müller in Beuthen, Gorzstraße 13 darüber, daß Angeklagter bei der Schlägerei zuerst von dem Zeugen Wagner angegriffen worden sei.") Diese besondere Kennzeichnung von hilfsweise gestellten Beweisanträgen ist deshalb wichtig, weil diese Anträge erst in den Urteilsgründen abgelehnt zu werden brauchen[34]).

Besondere Sorgfalt muß der Urkundsbeamte anwenden, wenn er sich um die Protokollierung von Gerichtsbeschlüssen handelt, durch welche Beweisanträge abschlägig beschieden werden[35]) (vgl. § 244 Abs. II StPO.). Oft, aber nicht immer werden diese Beschlüsse dem Urkundsbeamten diktiert werden. Der Urkundsbeamte muß beachten, daß die Rechtsprechung der höheren Gerichte eine ganz eingehende Begründung verlangt. Wendungen dahinlautend, daß der Beweisantrag unerheblich oder unbegründet ist, oder daß die Sache genügend aufgeklärt ist, genügen nicht[36]). Der Urkundsbeamte muß daher hier besonders Wert auf genaue und erschöpfende Wiedergabe der Gründe der Beschlüsse legen.

Häufig kommt es vor, daß die Beteiligten (auch die Staatsanwaltschaft) auf die Erhebung weiterer Beweise verzichten. Ein solcher Verzicht liegt auch dann vor, wenn der Vorsitzende ohne auf Widerspruch der Beteiligten zu stoßen bemerkt, das Gericht halte eine weitere Beweisaufnahme nicht für erforderlich, und er nehme an, daß die Beteiligten ebenfalls keinen Wert auf weitere Beweisaufnahme legen[37]). Dieser Verzicht auf weitere Beweisaufnahme ist unbedingt zu protokollieren, da er für den Prozeß (für jede Haupt-

---

[34]) Löwe, An. 9 zu § 244 StPO.

[35]) Auch wenn § 245 Abs. II StPO. gilt, ist der Erlaß von begründeten Gerichtsbeschlüssen erforderlich. Vgl. Löwe, An. 9 zu § 245 StPO.

[36]) Löwe, An. 11 zu § 244 StPO.

[37]) Vgl. Löwe, An. 5 c zn § 245 StPO.

verhandlung, auch vor dem Einzelstrafrichter), insbesondere für die Rechtfertigung der Abstandnahme von weiterer Beweiserhebung von der größten Bedeutung ist[38]) (vgl. § 245 StPO.). Ebenso ist ein Widerspruch eines Beteiligten (Staatsanwalt, Angeklagten, Verteidiger, Nebenkläger) gegen die Abstandnahme von der Vernehmung erschienener Zeugen und Sachverständigen, falls diese Abstandnahme dennoch erfolgen sollte, unbedingt zu protokollieren. Ebenso ist ein Widerruf der Verzichtserklärung unbedingt im Protokoll zu vermerken; denn hierin liegt ein neuer Beweisantrag[39]).

Die vorletzte Seite des Protokollformulars StP. Nr. 37 enthält alsdann den Vordruck: „Nach der Vernehmung eines jeden Zeugen.... wurde der Angeklagte befragt, ob er etwas zu erklären habe." Dieser Vordruck erklärt sich aus § 257 StPO.[40]). Falls nur der Eröffnungsbeschluß verlesen wurde, ist die Stelle des Vordruckes „nach der Verlesung eines jeden Schriftstückes" zu streichen.

Alsdann folgt im Formular der Vermerk, daß die Staatsanwaltschaft, der Angeklagte und der Verteidiger zu ihren Ausführungen das Wort erhielten (§ 258 StPO.). Falls ein Nebenkläger vorhanden ist, muß dieser Vordruck hinsichtlich des Nebenklägers ergänzt werden[41]). Falls ein Beistand vorhanden ist (§ 149 StPO.), ist hier zu vermerken, daß auch dieser angehört wurde.

Alsdann sind die Anträge der Staatsanwaltschaft und des Angeklagten, bzw. des Verteidigers zu vermerken. Falls der Nebenkläger eine Buße verlangt, ist der genaue Betrag im Protokoll anzugeben (vgl. § 405 StPO.). Es empfiehlt sich auch zu protokollieren, wie der Nebenkläger die Buße berechnet, z. B. 10 Mark für Arztattest, 100 Mark Schmerzensgeld.

Der Inhalt der Schlußvorträge kann unter Umständen eine Wiedereröffnung der Beweisaufnahme erforderlich machen. In einem solchen Falle ist zu vermerken, daß nochmals in die Beweisaufnahme eingetreten wurde. In der Regel wird der Urkundsbeamte nunmehr für diese neue Beweisaufnahme ein leeres Blatt nehmen müssen. Unbedingt zu verwerfen ist der in der Praxis häufig zu findende Mißbrauch, daß die Beurkundung der neuen Zeugenvernehmungen einfach der Beurkundung der alten Vernehmungen angefügt wird. Es ist vielmehr ein neues Blatt zu nehmen; die noch nicht benutzten Vordrucke auf der vorletzten und letzten Seite des Formulars StP. Nr. 37 sind zu streichen und auf dem neuen Blatte später erforderlichenfalls zu wiederholen.

---

[38]) Dies gilt auch im Falle des § 245 Abs. II StPO. — Vgl. Löwe, An. 9 zu § 245 StPO.

[39]) Löwe, An. 5 f zu § 245 StPO.

[40]) § 257 StPO. ist nur instruktioneller Natur. Vgl. Löwe, An. zu § 257 StPO.

[41]) Vgl. Löwe, An. 2 zu § 273 StPO.

Nachdem diese neue Beweisaufnahme erledigt ist, — sei es auch, daß nur ein Zeuge beeidigt wurde, muß den Prozeßbeteiligten von neuem das Wort erteilt werden[42]). Das Protokoll hat also zu lauten: „Die Staatsanwaltschaft und sodann der Angeklagte erhielten zu ihren Ausführungen erneut das Wort. Es wurden die früheren Anträge wiederholt."

Dieselben Ausführungen gelten für den Fall, wenn im Schlußvortrage ein neuer Beweisantrag gestellt und dieser durch einen Gerichtsbeschluß (§ 244 Abs. II StPO.) abgelehnt wird[43]). Die Prozeßbeteiligten erhalten also dann erneut das Wort.

Hat der Angeklagte keinen Verteidiger, so muß das Protokoll alsdann lauten: „Der Angeklagte hatte das letzte Wort." — Hat der Angeklagte einen Verteidiger, so hat das Protokoll zu lauten: „Der Verteidiger hatte das letzte Wort." In diesem letzteren Falle (nur in diesem Falle) muß der Angeklagte vom Vorsitzenden befragt werden, ob er selbst noch etwas zur Verteidigung anzuführen habe. Das Protokoll muß also lauten: „Der Verteidiger hatte das letzte Wort. Der Angeklagte wurde befragt, ob er selbst noch etwas zur Verteidigung anzuführen habe. Er erklärte: (z. B.) Ich schließe mich den Ausführungen meines Verteidigers an."

Hat der Angeklagte nach dem Schlußworte seines Verteidigers von selbst das Wort ergriffen, so bedarf es einer ausdrücklichen Befragung durch den Vorsitzenden nicht mehr[44]). Dann hat das Protokoll wie folgt zu lauten: „Der Verteidiger hatte das letzte Wort. Der Angeklagte selbst erklärte: Ich schließe mich den Ausführungen meines Verteidigers an."

Man wird selten einen Urkundsbeamten finden, welcher das Protokoll entsprechend den letzten Ausführungen gestaltet. Und doch folgen diese Ausführungen aus § 258 StPO. in Verbindung mit dem selbstverständlichen Satze, daß der Urkundsbeamte nichts als geschehen beurkunden darf, was in der Verhandlung tatsächlich nicht geschehen ist.

Während sonst eine Wortentziehung (etwas anderes ist die Nichtzulassung von Fragen) nicht protokolliert zu werden braucht, ist es bei den Schlußvorträgen unbedingt erforderlich, daß im Protokolle vermerkt wird, wenn den Beteiligten (Staatsanwalt, Angeklagter, Verteidiger, Nebenkläger) das Wort entzogen wird. Diese Wortentziehung kann durch den Vorsitzenden oder durch einen Gerichtsbeschluß erfolgen. Falls Gründe für die Wortentziehung angegeben werden, was die Regel sein wird, sind diese zu protokollieren. Der Beteiligte, dem das Wort entzogen wird, insbesondere der Angeklagte und der Verteidiger, haben jedoch auch im Falle einer Wortentziehung das Recht, das Wort zur Stellung von Be-

[42]) Löwe, An. 1 zu § 258 StPO.
[43]) Löwe, An. 1 zu § 258 StPO.
[44]) Löwe, An. 6 zu § 258 StPO.

weisanträgen zu verlangen[45]). Ein solches Verlangen muß protokolliert werden. Die Tatsache, daß die Worterteilung auf den genannten Antrag hin erfolgte, ist ebenfalls im Protokoll zu vermerken. Der Vorsitzende (bzw. das Gericht) kann das genannte Verlangen unberücksichtigt lassen, wenn er die Überzeugung gewinnt, daß der Antragsteller gar nicht ernstlich beabsichtige, Beweisanträge zu stellen. Eine solche Überzeugung muß eingehend begründet werden[46]). Für den Urkundsbeamten besteht die Pflicht, die Anordnung des Vorsitzenden (bzw. den Gerichtsbeschluß, welcher in der Regel ergehen wird), besonders sorgfältig und vollständig zu protokollieren.

Alsdann wird im Protokoll regelmäßig die Urteilsformel niedergeschrieben werden. Es ist jedoch möglich, daß sich in der Beratung die Notwendigkeit herausstellt, nochmals in die Verhandlung einzutreten, z. B. weil eine Hinweisung des Angeklagten auf eine Veränderung des rechtlichen Gesichtspunktes erforderlich ist. Das Protokoll muß dann folgendermaßen lauten:

„Es wurde nochmals in die Verhandlung eingetreten. Der Angeklagte wurde darauf hingewiesen, daß er an Stelle von Unterschlagung möglicherweise wegen Diebstahls verurteilt werden könnte. § 242 StGB. wurde verlesen. Dem Angeklagten wurde Gelegenheit zur Verteidigung gegeben. Die Staatsanwaltschaft und sodann der Angeklagte erhielten zu ihren Ausführungen das Wort. Diese blieben bei den früheren Anträgen. Der Angeklagte hatte das letzte Wort."

Nunmehr kommen wir zur letzten Seite des Formulars StP. Nr. 37. Der Vordruck lautet: „Das Urteil wurde durch Verlesung der Urteilsformel und durch mündliche Mitteilung des wesentlichen Inhalts der Urteilsgründe dahin verkündet." — Dieser Vermerk ist unbedingt erforderlich.

Die Urteilsformel wird dem Protokollführer regelmäßig diktiert. Sollte ausnahmsweise die Urteilsformel bei der Verkündung auf Grund einer anderen Niederschrift verlesen worden sein, so muß der Urkundsbeamte die Urteilsformel aus dieser Niederschrift wörtlich in das Protokoll hinübernehmen[47]).

Der Zeitpunkt der Urteilsverkündung muß nach Stunde und Minute im Protokoll vermerkt werden, wenn die erlittene Untersuchungshaft auf die Strafe ganz angerechnet wird. Dies gilt aber nicht, wenn der Angeklagte sofort auf ein Rechtsmittel verzichtet. Alsdann genügt es, daß der Zeitpunkt des Rechtsmittelverzichts nach Stunde und Minute vermerkt wird.

Durch § 268 Abs. III StPO. ist die Belehrung des anwesenden Angeklagten über die Einlegung von Rechtsmitteln vorgeschrie-

[45]) Löwe, An. 9 zu § 258 StPO.
[46]) Vgl Löwe, An. 9 zu § 258 StPO.
[47]) Löwe, An. 5 zu § 273 StPO.

ben. Das Protokoll muß einen Vermerk über diese Belehrung enthalten.

Falls Beteiligte auf die Einlegung von Rechtsmitteln verzichten, kann dieser Verzicht in das Protokoll aufgenommen werden. In der Praxis findet sich vielfach die Übung, daß der Urkundsbeamte das Protokoll abschließt und hierauf in einem besonderen Zusatz den Verzicht beurkundet und diesen Verzicht allein unterschreibt. Gegen diese Übung ist nichts einzuwenden. Es ist wichtig, daß Rechtsmittelverzichte beurkundet werden; der nur mündlich erklärte Rechtsmittelverzicht ist ohne Bedeutung[48]).

Wenn der Angeklagte sich in Untersuchungshaft befindet, muß im Falle seiner Verurteilung wegen § 450 StPO. der Zeitpunkt seines Verzichtes auf ein Rechtsmittel nach Stunde und Minute vermerkt werden.

Eine Vorlesung des Protokolls über die Hauptverhandlung findet nicht statt. Eine Ausnahme gilt nur für den Fall des § 273 Abs. III StPO. (also wenn der Vorsitzende die vollständige Niederschreibung und Verlesung einer Aussage oder der Feststellung eines Vorganges angeordnet hat). Aber auch im Falle des § 273 Abs. III StPO. unterschreiben nur der Vorsitzende und der Urkundsbeamte, nicht aber die beteiligten Personen das Protokoll.

Die Prozeßbeteiligten sind befugt, bis zum Schlusse der Verhandlung die Protokollierung eines jeden Vorkommnisses, insbesondere auch diejenige eines gestellten Antrages ausdrücklich zu beantragen[49]). Falls die gewünschte Protokollierung nicht erfolgt, muß dieser Antrag auf Protokollierung beurkundet werden. Ebenso muß die Ablehnung des Antrages auf Protokollierung (Entscheidung des Vorsitzenden oder Gerichtsbeschluß) eventuell mit Gründen (vgl. § 34 StPO.) im Protokoll vermerkt werden.

Zum Schluß soll noch eine Besonderheit für mehrtägige Verhandlungen erwähnt werden. In einem solchen Falle kann an jedem Tage ein besonderes Protokoll aufgenommen werden, es kann aber auch ein einheitliches Protokoll mit nur einmaligem Abschluß aufgenommen werden. Bei Unterbrechungen der Verhandlung z. B. auf einige Tage (§§ 228, 229 StPO.) bedarf es eines jedesmaligen Abschließens des Protokolls ebenfalls nicht, jedoch wird die Unterbrechung und ihre Dauer im Protokoll zu vermerken sein[50]). Wenn ein anderer Protokollführer eintritt, muß der erste Protokollführer das Protokoll abschließen, wie in § 9 dieser Schrift bemerkt wurde.

---

[48]) Löwe, An. 4 zu § 302 StPO.

[49]) Löwe, An. 6 zu § 273 StPO. — Ein Recht auf Protokollierung einer Aussage oder Äußerung gemäß § 273 Abs. III StPO. haben die Beteiligten nicht. Vgl. Löwe, An. 10 zu § 273 StPO.

[50]) Löwe, An. 1 zu § 271 StPO.

§ 14.

Besonderheiten des Verfahrens bei dem Einzelstrafrichter, beim Jugendgericht, bei der Strafkammer und beim Schwurgericht.

I. Einzelstrafrichter.

1. Ordentliches Verfahren.

Unter dem ordentlichen Verfahren verstehen wir die Hauptverhandlung auf Grund einer Anklage der Staatsanwaltschaft und auf Grund eines gerichtlichen Eröffnungsbeschlusses. In Preußen kommt das Formular StP. Nr. 36 a in Frage. Das Verfahren ist genau dasselbe wie beim Schöffengericht. Schwierigkeiten können für den Urkundsbeamten auch nicht hinsichtlich der Frage entstehen, wann ein Gerichtsbeschluß und wann eine Anordnung des Einzelstrafrichters vorliegt. Im Verfahren vor dem Einzelstrafrichter erkennt der Urkundsbeamte allerdings nicht an der Form der Beratung wie beim Schöffengericht, daß ein Gerichtsbeschluß vorliegt. Für ihn gilt aber die praktische Regel, daß dann ein Gerichtsbeschluß vorliegt, wenn der Einzelstrafrichter die Wendung gebraucht: „Es ergeht folgender Beschluß" oder „beschlossen und verkündet". In allen diesen Fällen ist auch eine erfolgte Anhörung der Beteiligten zu protokollieren (§ 33 StPO.)[1]).

2. Besondere Verfahrensarten beim Einzelstrafrichter.

a) Privatklageverfahren.

Das Privatklageverfahren findet vor dem Einzelstrafrichter statt (§ 25 GVG.). Es ist in den §§ 374 ff. StPO. geregelt. In Preußen ist für die Hauptverhandlung das Formular StP. Nr. 58 zu verwenden. Bei den Verhandlungen ist eine Anwesenheit der Staatsanwaltschaft nicht erforderlich. Der Privatkläger hat die Rolle des Staatsanwalts. Auf der ersten Seite des Formulars sind Privatkläger und Angeklagter nach Stand, Gewerbe, Vornamen, Namen, Wohnort zu bezeichnen. — Für die Protokollführung gelten im übrigen die Grundsätze des § 13 dieser Schrift. Zu erwähnen ist noch, daß der Angeklagte Widerklage erheben kann (§ 388 StPO.). Über die Zulässigkeit der Widerklage wird durch Beschluß befunden. Ein formeller Eröffnungsbeschluß wird nicht erlassen[2]). Es genügt also für das Protokoll die Wendung:

[1]) § 33 StPO. wird so auszulegen sein, daß der Einzelstrafrichter in allen denjenigen Fällen die Beteiligten anhören und einen Beschluß erlassen muß, in denen beim Schöffengericht von vornherein ein Gerichtsbeschluß (Beschluß des vollbesetzten Gerichts) zu erlassen ist. In § 13 dieser Schrift lernten wir folgende solche Fälle kennen: Ordnungsstrafe, Abtrennung des Verfahrens, Zulassung der Nebenklage, Verlesung von Protokollen gemäß § 251 StPO., Entfernung des Angeklagten gemäß § 247 StPO., Ablehnung von Beweisanträgen (§ 244 Abs. II StPO.); früher erwähnten wir den Ausschluß der Öffentlichkeit (§ 172 GVG.).

[2]) Löwe, An. 6 zu § 388 StPO.

„Nach Anhörung der Beteiligten wurde beschlossen und verkündet:

Die Widerklage des Angeklagten wegen der vom Privatkläger am 1. Aug. 1928 dem Angeklagten zugefügten Beleidigung durch das Wort ‚Idiot‘ wird zugelassen.“

Im Falle der Zulassung der Widerklage ist auch der Privatkläger gleichzeitig Angeklagter. Er muß daher zur Person und zur Sache vernommen werden. Das Protokoll muß hierüber Auskunft geben.

Falls der Privatkläger im Termin nicht erscheint, erfolgt gemäß § 391 StPO. Einstellung des Verfahrens und zwar durch Beschluß. In Preußen gibt es für diesen Fall das Formular StP. Nr. 59.

b) Verfahren bei Strafbefehlen (§§ 407 ff. StPO.).

In diesem Verfahren wird zunächst ohne mündliche Verhandlung durch einen gerichtlichen Strafbefehl eine Strafe festgesetzt. Eine Hauptverhandlung[3]) findet erst auf einen Einspruch des Beschuldigten hin statt. Es sind alsdann die gewöhnlichen Formulare für die Hauptverhandlung zu benutzen. Für die Protokollführung gelten die Grundsätze des § 13 dieser Schrift. Es wird sich ein Vermerk im Protokoll, wonach die Rechtzeitigkeit des Einspruchs festgestellt wurde, empfehlen (vgl. in Preußen das Formular StP. Nr. 36b). Der Strafbefehl wird an Stelle des Eröffnungsbeschlusses verlesen. Im Falle des Ausbleibens des Angeklagten wird der Einspruch gemäß § 412 StPO. verworfen. Für diesen Fall gibt es auch besondere Formulare, z. B. in Preußen StP. Nr. 70.

c) Verfahren nach vorausgegangener polizeilicher Strafverfügung (§§ 413 ff. StPO.).

Es wird zunächst durch eine polizeiliche Strafverfügung eine Strafe festgesetzt. Eine Hauptverhandlung vor dem Einzelstrafrichter findet statt, wenn der Beschuldigte den Antrag auf gerichtliche Entscheidung stellt. Für die Hauptverhandlung gelten dieselben Ausführungen wie bei der Hauptverhandlung im Strafbefehlsverfahren. Ein Verwerfen des Antrages beim Ausbleiben des Beschuldigten erfolgt jedoch nicht[4]).

d) Verfahren bei Zuwiderhandlungen gegen die Vorschriften über die Erhebung öffentlicher Abgaben und Gefälle (§§ 419 ff. StPO.).

Es wird hier zunächst durch einen Strafbescheid einer Verwaltungsbehörde (in der Regel Finanzamt) eine Strafe festgesetzt. Eine

---

[3]) Vor dem Einzelstrafrichter oder vor dem Schöffengericht (vgl. § 407 Abs. IV StPO.).

[4]) Löwe, An. 1 zu § 417 StPO.

Hauptverhandlung vor dem Einzelstrafrichter oder vor dem Schöffengericht[5]) findet statt, wenn ein Antrag auf gerichtliche Entscheidung gestellt ist. Für die Hauptverhandlung gelten die bei dem vorigen Verfahren c) gemachten Ausführungen.

e) Verfahren gemäß § 212 StPO.

Es handelt sich hier um Aburteilungen im sogenannten beschleunigten Verfahren. Dieses findet in der Regel beim Einzelstrafrichter statt, ist aber auch beim Schöffengericht möglich. Die Wahl dieses Verfahrens hängt lediglich von dem Ermessen der Staatsanwaltschaft ab[6]). Die Anklage wird bei Beginn der Verhandlung von der Staatsanwaltschaft mündlich erhoben. Die dem Beschuldigten zur Last gelegte Tat muß in bestimmter Weise unter Angabe der gesetzlichen Bestimmungen bezeichnet werden. Die Anklage muß auch in dieser Form in das Protokoll aufgenommen werden. Die Staatsanwaltschaft kann aber auch eine Anklageformel überreichen. Diese ist dann als Anlage zum Protokoll zu behandeln[7]). Falls das Gericht das Verfahren für zulässig und seine Zuständigkeit für gegeben hält, tritt es in die Verhandlung ein, andernfalls lehnt das Gericht die Verhandlung ab. Der Eintritt in die Verhandlung braucht aber nicht ausdrücklich beurkundet zu werden. An die Erhebung der Anklage schließt sich im Falle der Verhandlung die Vernehmung des Beschuldigten zur Person und zur Sache an. Die Verlesung eines Eröffnungsbeschlusses kommt nicht in Frage. Das Verfahren ist im übrigen das gewöhnliche. Es gelten also die Grundsätze des § 13 dieser Schrift. In Preußen gibt es das Formular StP. Nr. 39 (für das Schöffengericht), sowie das Formular StP. Nr. 40b (für den Einzelstrafrichter — Fall der Vorführung).

II. Jugendschöffengericht.

Gemäß § 23 JGG. ist die Verhandlung nicht öffentlich. Bestimmten Personen kann der Zutritt gestattet werden. Dies ist dann im Protokoll zu vermerken. Es ist die Bestellung einer beliebigen Person als Beistand möglich (§ 29 JGG.). Dieser Beistand hat die Rechte eines Verteidigers. Er wird auch bei der Verhandlung immer zugegen sein müssen. Dies hat der Urkundsbeamte zu beachten. — Der gesetzliche Vertreter des Beschuldigten hat dieselben Rechte wie dieser (§ 30 JGG.). Der gesetzliche Vertreter kann daher Anträge und Fragen stellen. Dies ist für die Protokollführung zu beachten. — In der Hauptverhandlung wird den Eltern

---

[5]) Vgl. § 422 Abs. II StPO.

[6]) Löwe, An. 3 zu § 212 StPO.

[7]) Vgl. Löwe, An. 7 zn § 212 StPO. — Der Fall, daß der Beschuldigte infolge einer Ladung erscheint, ist unpraktisch.

des Beschuldigten sowie auch dem Jugendamt auf Verlangen das Wort erteilt (§ 31 JGG.). Diese Worterteilung ist im Protokoll zu vermerken. — Das Gericht kann gemäß § 33 JGG. anordnen, daß der Angeklagte das Sitzungszimmer zu verlassen hat, wenn von einzelnen Erörterungen ein nachteiliger Einfluß auf den Angeklagten zu befürchten ist. Hierfür gelten dieselben Ausführungen, welche wir im § 13 dieser Schrift bei der Erörterung von § 247 StPO. gemacht haben. — Für die Protokollführung beim Jugendschöffengericht gelten im übrigen die Ausführungen im § 13 dieser Schrift (vgl. § 18 JGG.).

III. Verfahren bei der Strafkammer.
(§§ 324 ff. StPO.)

In Preußen kommt für die Hauptverhandlung in Strafsachen, welche nicht Privatklagesachen betrifft, für die kleine Strafkammer das Formular StP. Nr. 123 und für die große Strafkammer das Formular StP. Nr. 123 a in Frage. Bei der kleinen Strafkammer ist für Privatklagesachen das Formular StP. Nr. 137 zu verwenden. An der Stelle, wo sonst die Verlesung des Eröffnungsbeschlusses angegeben ist, befindet sich in den genannten Formularen der Vermerk, daß der Vorsitzende (bzw. der Berichterstatter) einen Vortrag über die Ergebnisse des bisherigen Verfahrens hielt, und daß das Urteil erster Instanz verlesen wurde (vgl. § 324 StPO.). Alsdann ist die Verhandlung und auch die Protokollführung die gewöhnliche, so wie es in § 13 dieser Schrift ausgeführt wurde. Zu beachten ist, daß bei Zeugen- und Sachverständigenaussagen gemäß § 273 Abs. II StPO. der Vermerk genügt:

„Der Zeuge (Sachverständige) wurde zur Sache vernommen.“

Zu erwähnen ist noch, daß die Protokolle der Hauptverhandlung erster Instanz, soweit sie Aussagen von Zeugen und Sachverständigen betreffen, verlesen werden können (§ 325 StPO.). Diese Verlesung kann durch eine Anordnung des Vorsitzenden[8]) oder durch einen Gerichtsbeschluß veranlaßt werden. Für die Protokollierung gelten die Ausführungen in § 13 dieser Schrift. Für die Verlesung der genannten Protokolle ist aber gemäß § 325 StPO. unter Umständen eine Zustimmung der Staatsanwaltschaft und des Angeklagten erforderlich. Zustimmungen und Widersprüche betreffend die Verlesung erstinstanzlicher Protokolle sind daher sorgfältig und gewissenhaft zu protokollieren. — In dem Vermerk des Formulars: „Nach der Vernehmung eines jeden Zeugen ..... wurde der Angeklagte befragt, ob er etwas zu erklären habe“ ist der Zusatz „sowie

[8]) Löwe, An. 3 zu § 325 StPO. scheint stets einen Gerichtsbeschluß für erforderlich zu halten. Es dürfte aber so wie in der Hauptverhandlung erster Instanz sein (also Gerichtsbeschluß nur, falls ein solcher ausdrücklich beantragt wurde).

nach Verlesung eines jeden Schriftstücks" zu streichen, falls nur das Urteil erster Instanz verlesen wurde. — Bei den Schlußvorträgen wird der Beschwerdeführer zuerst gehört. Ist die Berufung von beiden Teilen eingelegt, so wird zuerst die Staatsanwaltschaft gehört[9]). Der Vordruck des Formulars ist im letzteren Fall entsprechend abzuändern. — Falls der Angeklagte Berufung eingelegt hat und im Termin nicht erscheint, erfolgt gemäß § 329 StPO. die Verwerfung seiner Berufung. In Preußen gibt es die besonderen Formulare StP. Nr. 124 (kleine Strafkammer) und StP. Nr. 124a (große Strafkammer) für diesen Fall.

IV. Schwurgericht.

Es gelten die Ausführungen des § 13 dieser Schrift. Bei der Protokollierung der Aussagen der Zeugen und Sachverständigen genügt der Vermerk: „Der Zeuge wurde zur Sache vernommen" (vgl. § 273 StPO.). In Preußen ist Formular StP. Nr. 108 zu verwenden.

§ 15.

Die Protokollführung im Zivilprozeß unter Zugrundelegung der Hauptverhandlung bei dem Landgericht.

Die Protokollführung im Zivilprozeß (im engeren Sinne = Prozeßverhandlung) ist bedeutend einfacher als die im Strafprozeß. Dies liegt vor allem daran, daß man den Begriff der Förmlichkeiten in § 164 ZPO. ganz eng faßt. § 164 ZPO. lautet:

„Die Beobachtung der für die mündliche Verhandlung vorgeschriebenen Förmlichkeiten kann nur durch das Protokoll bewiesen werden. Gegen den diese Förmlichkeiten betreffenden Inhalt desselben ist nur der Nachweis der Fälschung zulässig."

Zu diesen Förmlichkeiten gehören nicht die Parteierklärungen (Anerkenntnisse, Verzichtleistungen usw.), aber auch nicht alle Anträge. (Anders ist es im Strafprozeß.) Auch die Förmlichkeiten der Beweisaufnahme werden nicht zu den Förmlichkeiten der Verhandlung gerechnet[1]). (Anders ist es im Strafprozeß.) Es ist auch nicht die Aufgabe des Protokolls, im einzelnen festzustellen, was die Parteien in der mündlichen Verhandlung vorgetragen haben. Diese Aufgabe hat vielmehr der Tatbestand des Urteils. Die Bedeutung des Protokolls zeigt sich aber darin, daß die Beweiskraft des Urteils durch das Sitzungsprotokoll entkräftigt wird[2]).

Die Vorschriften über das Protokoll finden sich in den §§ 159 ff. ZPO. Wir wollen nunmehr von der Verhandlung vor der Zivil-

---

[9]) Löwe, An. 1 zu § 326 StPO.
[1]) Stein, An. I zu § 164 ZPO.
[2]) Stein, An. I zu § 160 ZPO.

kammer, als dem gesetzlichen Normalverfahren ausgehen. In Preußen wird für die Verhandlung (falls tatsächlich verhandelt wird) das Formular ZP. Nr. 73 benützt.

Gemäß § 159 ZPO. ist (wie in jedem Protokoll im Zivilprozeß) folgendes anzugeben: Ort und Tag der Verhandlung, Vermerk über die Öffentlichkeit, Namen der Richter und des Urkundsbeamten. Ferner ist eine Bezeichnung des Rechtsstreits erforderlich. Es genügt hier eine Angabe der Zunamen der Parteien. (Beispiel: In Sachen Müller gegen Schulz.) Nur wenn ein Vergleich beurkundet wird, ist eine vollständige Parteibezeichnung (Vorname, Zuname, Stand oder Gewerbe, Wohnort, Straße) erforderlich.

Alsdann sind die erschienenen Parteien, die gesetzlichen Vertreter und die Bevollmächtigten (Rechtsanwälte!) anzugeben.

Für alle diese bisher besprochenen Angaben gilt die strenge Beweisregel des § 164 ZPO.[3]).

Gemäß § 160 ZPO. braucht der Gang der Verhandlung nur im allgemeinen angegeben zu werden. Es brauchen nur die einzelnen Akte der Verhandlung, nicht aber sämtliche Parteierklärungen protokolliert zu werden[4]). Einen solchen Verhandlungsakt, welcher unbedingt protokolliert werden muß, stellt die Verlesung der Sachanträge dar. Unter den Sachanträgen sind alle Anträge zu verstehen, durch die der Antragsteller erklärt, welchen Inhalt die Formel des von ihm erbetenen Endurteils haben soll. Sachanträge sind z. B. der Klageantrag oder der Widerklageantrag (mit der Widerklage verlangt der Beklagte vom Kläger eine Leistung). Dagegen sind Anträge, welche lediglich das Verfahren betreffen, z. B. Anträge auf Vertagung, Anträge auf Abkürzung oder Verlängerung von Fristen, Anträge aus § 465 ZPO. (der Eid solle als verweigert angesehen werden) sowie Anträge in Beziehung auf das Beweisverfahren (z. B. Antrag auf Vernehmung von Zeugen) keine Sachanträge[5]).

Die Sachanträge werden nun beim Landgericht aus den vorbereitenden Schriftsätzen verlesen, oder es wird auf die Anträge Bezug genommen (§ 297 ZPO.). Der Vermerk im Formular lautet daher „der Anwalt des Klägers verlas — nahm Bezug — auf den Antrag der Klageschrift". Falls der Klageantrag nicht wörtlich verlesen wird, muß der Urkundsbeamte den Vordruck „verlas" streichen.

Es kommt nun häufig vor, daß ein Anwalt einen neuen Sachantrag stellen will, welcher in einem vorbereitenden Schriftsatz nicht enthalten ist. Es ist beim Landgericht nicht zulässig, daß der Antrag vollständig in das Protokoll aufgenommen wird; vielmehr muß der Anwalt den neuen Antrag in einem besonderen Schriftstück

---

[3]) Stein, An. I zu § 164 ZPO.

[4]) Stein, An. I zu § 160 ZPO.

[5]) Stein, An. II zu § 297 ZPO. — Nach Stein ist auch der Antrag des Beklagten auf Abweisung der Klage kein Sachantrag.

niederschreiben und dieses Schriftstück dem Gericht überreichen[6]) (§ 297 Abs. II ZPO.). Das Schriftstück wird dann als Anlage des Protokolls behandelt. Für diese Protokollanlagen ist keine besondere Form vorgeschrieben. Es muß jedoch die Eigenschaft des Schriftstücks als Anlage auf dem Schriftstück selbst erkenntlich gemacht werden. Dies geschieht üblicherweise dadurch, daß der Urkundsbeamte auf das Schriftstück den Vermerk „Anlage zum Protokoll vom ....“ setzt. Dieser Vermerk wird von dem Urkundsbeamten und von dem Vorsitzenden unterschrieben. Es muß ferner im Protokoll auf die Anlage Bezug genommen werden, z. B. „Kläger verlas den Antrag aus der überreichten Anlage“[7]).

Der Urkundsbeamte darf aber, abgesehen von diesem Falle der Verlesung eines Antrages aus einer Anlage, nicht jeden beliebigen von einem Anwalt überreichten Schriftsatz als Anlage zum Protokoll behandeln.

Falls die Sachanträge schon in einer früheren Verhandlung gestellt worden sind, genügt eine Bezugnahme auf die Anträge dieser früheren Verhandlung[8]).

Nach der Stellung der Sachanträge enthält das Formular den Vermerk: „Die Anwälte verhandelten sodann zur Sache.“ Dieser Vermerk muß unbedingt in jedem Protokoll enthalten sein, wenn eine Verhandlung zur Sache stattgefunden hat, wenn also die Parteien außer der Stellung der Sachanträge auch eine Begründung gebracht haben. Es genügt, daß zum Zwecke der Begründung des Antrages auf vorbereitende Schriftsätze Bezug genommen wird. Die Tatsache, daß mündlich verhandelt wurde, kann gemäß § 164 ZPO. nur durch das Protokoll bewiesen werden[9]). Die genannte Tatsache kann kostenrechtlich und gebührenrechtlich von der größten Bedeutung sein. Dieser wichtige Vermerk wird in der Praxis vielfach ausgelassen, besonders, wenn das Formular keine Handhabe bietet und der Vermerk handschriftlich geschrieben werden muß.

Es ist möglich, daß der Beklagte mit dem Antrage auf Klageabweisung eine prozeßhindernde Einrede im Sinne des § 274 ZPO. verbindet (z. B. Einrede der Unzuständigkeit des Gerichts, Einrede der Unzulässigkeit des Rechtsweges, Einrede der Rechtshängigkeit, Einrede der mangelnden Sicherheit für die Prozeßkosten). Im Protokoll wird üblicherweise angegeben, welche Art der prozeßhindernden Einreden erhoben wird. Die Erhebung der Einrede ist vor dem Vermerk über das Verhandeln zur Sache (= Hauptsache) zu protokollieren, wenn der Beklagte nach Stellung des Klageabweisungsantrages zunächst die prozeßhindernde Einrede vorträgt.

---

[6]) Vgl. Stein, An. II zu § 160 ZPO.

[7]) Vgl. Stein, An. III zu § 160 ZPO.

[8]) Nach Stein, An. IV, 2 zu § 128 ZPO. wäre nicht einmal diese Bezugnahme erforderlich.

[9]) Stein, An. I zu § 164 ZPO.

Dies ist wichtig wegen des Wortlautes des § 274 ZPO. — Wird zunächst nur über die prozeßhindernde Einrede verhandelt, so wird man protokollieren: „Die Parteien verhandelten über die prozeßhindernde Einrede." — Nach § 275 ZPO. können die Parteien den Antrag stellen, daß die abgesonderte Verhandlung über die prozeßhindernde Einrede angeordnet wird. Dieser Antrag sowie auch der Beschluß des Gerichts, welcher die abgesonderte Verhandlung anordnet, sind zu protokollieren.

Die Verhandlung selbst bietet oft stundenlang keinen Anlaß für eine Protokollierung. Dies führt zu einem Brachliegen der Arbeitskraft des Urkundsbeamten. Nur bestimmte Erklärungen müssen protokolliert werden, nämlich Anerkenntnisse (§ 307 ZPO. — Beklagter erkennt die Klageforderung an), Verzichtleistungen (§ 306 ZPO. — Kläger verzichtet auf die Klageforderung) sowie Vergleiche (vgl. § 160 Nr. 1 ZPO.). Die genannten Erklärungen werden regelmäßig im Protokoll selbst beurkundet. Beim Landgericht werden auch noch sonstige Erklärungen der Parteien auf Antrag zu Protokoll festgestellt, z. B. Geständnisse (Beklagter gibt eine Behauptung des Klägers zu) oder Erklärungen über Annahme oder Zurückschiebung zugeschobener Eide (vgl. § 298 ZPO.). Für den Urkundsbeamten liegt aber hier die Sache einfach. Die zuletzt genannten Erklärungen müssen grundsätzlich in einer Anlage niedergeschrieben werden[10]). Dies geschieht durch die Anwälte. Dem Urkundsbeamten liegt nur die Pflicht ob, die genannten Schriftstücke als Anlagen des Protokolls zu behandeln. Die Form dieser Behandlung haben wir bei der Feststellung der Sachanträge kennen gelernt.

Wenn die Parteien Anträge stellen, welche das Verfahren betreffen, ist es oft sachgemäß, diese Anträge in das Protokoll aufzunehmen. Dies kann sich z. B. deshalb empfehlen, weil die Anträge in vorbereitenden Schriftsätzen nicht enthalten sind. Es besteht aber keine zwingende Vorschrift, wonach diese Anträge protokolliert werden müßten[10a]). Wohl aber müssen die auf diese Anträge ergehenden Entscheidungen protokolliert werden, wie wir noch sehen werden. Es kommen nun folgende Anträge in Frage, bei denen sich eine Protokollierung empfiehlt:

1. Vertagungsanträge,
2. Aussetzungsantrag gemäß § 65 ZPO. (Aussetzung bis zur Entscheidung über die Hauptintervention),

[10]) Stein, An. II zu § 160 ZPO. — In der Praxis werden aber trotzdem häufig Erklärungen ohne Antrag in das Protokoll selbst aufgenommen, wie wir noch sehen werden.

[10a]) Es dürfte zu weit gehen, die Protokollierung aller Verfahrensanträge durch § 160 ZPO. („Gang der Verhandlung im allgemeinen") als vorgeschrieben zu betrachten.

3. Antrag auf Vorlegung einer öffentlich beglaubigten Vollmacht (§ 80 ZPO.),
4. Anträge auf Aussetzung der Verhandlung gemäß §§ 148 bis 155 ZPO. (z. B. Aussetzung des Prozesses bis zur Erledigung des Strafverfahrens),
5. Antrag auf Aussetzung des Verfahrens gemäß § 246 ZPO. (bei Tod einer Partei, welche durch einen Anwalt vertreten wird),
6. Antrag auf Verweisung des Rechtsstreits an das zuständige Gericht (§ 276 ZPO.),
7. Antrag auf Verhandlung über den Betrag nach Erlaß eines Grundurteils (§ 304 ZPO.),
8. Antrag auf Anordnung der Vorlegung einer Urkunde durch den Gegner (§ 421 ZPO.),
9. Antrag auf Bestimmung einer Frist zur Herbeischaffung einer Urkunde (§§ 428, 430 ZPO.),
10. Antrag, den Eid als verweigert anzusehen (§ 465 ZPO.).

Es wird sich auch oft empfehlen, Anzeigen der Parteien zu protokollieren z. B. betreffend:

1. Unterbrechung des Verfahrens durch Tod einer Partei (§ 239 ZPO.),
2. Unterbrechung des Verfahrens durch Konkurs (§ 240 ZPO.),
3. Unterbrechung des Verfahrens bei Verlust der Prozeßfähigkeit durch die Partei, bei Tod des gesetzlichen Vertreters (§ 241 ZPO.),
4. Unterbrechung des Verfahrens durch den Tod des Anwalts (§ 244 ZPO.).

Es ist auch trotz § 298 ZPO. nichts gegen die sachgemäße Praxis einzuwenden, wonach das Einverständnis der Parteien über die Erheblichkeit und Norm eines Eides (§ 461 ZPO.) im Protokoll selbst vermerkt wird. Dasselbe gilt von der Protokollierung der Zurücknahme der Klage (§ 271 ZPO.), falls diese bei der mündlichen Verhandlung erklärt wird, sowie von der Protokollierung der unter Umständen erforderlichen Einwilligung des Beklagten in die Klagerücknahme[11]).

Die strenge Beweisregel des § 164 ZPO. gilt nicht nur nicht für die Protokollierung der Erklärungen gemäß § 160 Nr. 1 ZPO., sondern erst recht nicht für diejenigen Fälle, in welchen wir die Protokollierung lediglich für zweckmäßig erklärten. Der Beweis, daß

[11]) Nach dem Kommentar von Stein, An. III, 1 zu § 271 ZPO. in Verbindung mit An. II zu § 160 ZPO. wäre dies Verfahren gemäß § 298 ZPO. unzulässig. § 298 ZPO. handelt jedoch nur von einer Feststellung auf Antrag. Die Feststellung zu Protokoll mag nicht erforderlich sein, falls ein Antrag aus § 298 ZPO. fehlt. Dies schließt aber nicht aus, daß man trotzdem etwas protokolliert. Dies mag überflüssig sein, trotzdem ist die Protokollierung gültig.

die genannten Anträge und Anzeigen erfolgt sind, oder daß sie anders erfolgt sind, kann also auch unabhängig vom Protokoll geführt werden.

Falls Schriftsätze oder Urkunden von Parteien überreicht werden, ist dies im Protokoll unter genauer Bezeichnung der Schriftstücke und der überreichenden Partei zu vermerken.

Es ist auch üblich und zweckmäßig, daß Prüfungen, welche das Gericht von Amts wegen vorzunehmen hat, z. B. die Prüfung der Zulässigkeit des Einspruchs gegen ein Versäumnisurteil (§ 341 ZPO.) im Protokoll vermerkt werden (z. B. „Die Zulässigkeit des Einspruchs wurde geprüft. Der Anwalt des — wies nach, daß das Versäumnisurteil dem Beklagten am — zugestellt worden ist").

Nachdem die Parteien, bzw. die Anwälte, den Prozeßstoff dem Gericht vorgetragen haben, wird die Verhandlung geschlossen werden, und es wird meist eine Beratung des Kollegiums eintreten. Es ist aber nicht üblich und auch nicht notwendig, daß das Protokoll einen Vermerk über den Schluß der Verhandlung enthält.

Bevor jedoch die Verhandlung geschlossen wird, muß oft eine Verlesung des Protokolls gemäß § 162 ZPO. erfolgen. Das Protokoll muß stets verlesen werden, wenn es sich um die Fälle des § 160 Nr. 1—4 handelt, also um Anerkenntnisse, Verzichtleistungen, Vergleiche, Aussagen von Zeugen und Sachverständigen, Ergebnis eines Augenscheins oder um Anträge und Erklärungen, deren Feststellung vorgeschrieben ist. Gerade der zuletzt genannte Fall (§ 160 Nr. 2 ZPO.) gibt Anlaß zu Zweifeln. Nach dem führenden Kommentar von Stein[12]) muß das Protokoll stets verlesen werden, wenn Sachanträge gestellt worden sind[13]). Auch wenn das Protokoll lautet: „Kläger nahm Bezug auf den Antrag der Klageschrift, Beklagter nahm Bezug auf den Antrag des Schriftsatzes vom 1. Aug. 1928" muß eine Verlesung erfolgen. Der Ansicht von Stein ist beizustimmen. Es müssen auch die Anlagen des Protokolls, z. B. wenn sie Sachanträge enthalten, mit verlesen werden, es sei denn, daß diese Anlagen bereits vor einer Partei verlesen worden sind[14]). Für den Urkundsbeamten besteht praktisch keine Schwierigkeit, da für ihn in Fragen der Verlesung des Protokolls mindestens im Falle des § 160 Nr. 2 ZPO. das Ermessen des Vorsitzenden maßgebend ist.

An die Stelle der Verlesung des Protokolls kann die Vorlegung zur Durchsicht treten. — Die Beteiligten (die Parteien und deren Anwälte bezüglich § 160 Nr. 1—4, die Zeugen und Sachverständigen bezüglich ihrer Aussagen) haben sich darüber zu

---

[12]) Stein, An. I zu § 162 ZPO., auch An. II, 2 zu § 510 a ZPO., anderer Meinung Förster-Kann, An. 1 zu § 162 ZPO.

[13]) Eine Ausnahme wird nur gelten, wenn auf die Anträge einer früheren Verhandlung Bezug genommen wird (vgl. An. 8 zu § 15 dieser Schrift).

[14]) Stein, An. I zu § 162 ZPO.

äußern, ob sie das Protokoll genehmigen. Diese Genehmigung braucht stets nur mündlich zu erfolgen. Eine Unterzeichnung des Protokolls durch die Beteiligten findet nie statt [15]). Die Verlesung des Protokolls, die Genehmigung, sowie etwaige Einwendungen (falls diesen nicht sofort abgeholfen wird [16])) sind im Protokoll zu vermerken.

Die Beratung des Gerichts wird den Anlaß zur Verkündung von Entscheidungen geben. Gemäß § 160 Nr. 5 ZPO. sind alle Entscheidungen des Gerichts (der Zivilkammer, nicht des Vorsitzenden) im Protokoll zu vermerken. Als solche Entscheidungen kommen Urteile, Beschlüsse und Verfügungen in Frage. Auch prozeßleitende Anordnungen des Gerichts, z. B. Heranziehung von Akten müssen protokolliert werden [17]). Gemäß § 160 Nr. 6 ZPO. muß das Protokoll auch angeben, daß die genannten Entscheidungen verkündet worden sind, z. B. durch die Wendung „beschlossen und verkündet". Die Parteien und deren Anwälte brauchen bei der Verkündung der Entscheidungen nicht anwesend zu sein (vgl. § 312 ZPO.). Das Protokoll braucht daher keinen Vermerk über die Anwesenheit oder über die Nichtanwesenheit zu enthalten. Die strenge Beweisregel des § 164 ZPO. gilt für den Vermerk über die Verkündung der Entscheidungen [18]), worauf der Urkundsbeamte also besonders zu achten hat.

Die Protokollierung der Entscheidungen selbst, insbesondere der auf Grund einer Beratung ergehenden Entscheidungen wird dem Urkundsbeamten keine besonderen Schwierigkeiten machen, da diese Entscheidungen in der Regel diktiert werden. Der Urkundsbeamte darf aber, insbesondere wenn Entscheidungen im Laufe der Verhandlung erlassen werden (z. B. ein Armenrechtsbeschluß), nicht auf dieses Diktat warten. Er muß vielmehr diese Entscheidungen sofort protokollieren. Beweisbeschlüsse werden meist vom Berichterstatter nach der Verhandlung und nach Abschluß des Protokolls abgesetzt. In solchen Fällen genügt für das Protokoll der Vermerk „Beschlossen und verkündet".

Es soll Beweis erhoben werden nach Maßgabe eines seinem wesentlichen Inhalte nach mündlich verkündeten, schriftlich noch abzusetzenden Beweisbeschlusses."

Nunmehr kommen wir zu einer Verhandlung, in welcher eine Beweisaufnahme erfolgt. Diese Beweisaufnahmen werden vor den Zivilkammern nur selten stattfinden, da ja der Einzelrichter die Vorbereitung der Sache, insbesondere auch durch Erhebung von Beweisen zu besorgen hat.

---

[15]) Stein, An. II zu § 162 ZPO.

[16]) Stein, An. II zu § 162 ZPO.

[17]) Stein, An. II zu § 160 ZPO.

[18]) Vgl. Stein, An. I zu § 164 ZPO. — Die strenge Beweisregel des § 164 ZPO. gilt aber nicht für den Inhalt der Entscheidungen (§ 160 Nr. 5 ZPO.).

In Preußen ist Formular ZP. Nr. 88 zu verwenden, wenn es sich um die Vernehmung eines Zeugen oder eines Sachverständigen handelt. Die Grundsätze, welche zu beachten sind, haben wir in § 7 dieser Schrift kennen gelernt. Die Protokollführung ist einfach, da wegen des Erfordernisses der Verlesung und Genehmigung der Aussagen (§ 160 Nr. 3 ZPO.) dieselben in der Regel diktiert werden. — Der Zeuge oder Sachverständige kann ein Schriftstück mit seiner Aussage überreichen. Diese Aussage ist dann als Protokollanlage in der Form, die wir bereits kennen gelernt haben, zu behandeln[19]).

Die Beweisaufnahme kann auch darin bestehen, daß von einer Partei (Kläger, Beklagter) ein Parteieid abgenommen wird. Ein besonderes Formular gibt es in Preußen für den Fall, daß der Parteieid nicht durch Beschluß, sondern durch bedingtes Endurteil auferlegt wurde (ZP. Nr. 90). In einem solchen Falle wird zunächst die Rechtskraft dieses Urteils durch Vorlegung des Urteils nebst der Zustellungsurkunde geprüft (vgl. den Vordruck des Formulars). Bei der Abnahme eines jeden Parteieides ist folgendes zu beachten. Gemäß § 480 ZPO. ist der Schwurpflichtige über die Bedeutung des Eides zu belehren. Das Protokoll soll einen Vermerk hierüber enthalten. Es ist ferner üblich[20]), daß die schwurpflichtige Partei genau so wie ein Zeuge vor der Eidesleistung über die Personalien befragt wird. Das Protokoll hat dann diese Personalien zu enthalten. — Die Leistung, Verweigerung, Erlassung des Eides sind zu beurkunden (vgl. § 160 ZPO. — „Gang der Verhandlung im allgemeinen").

Wenn nach erfolgter Beweisaufnahme eine Verhandlung stattfindet, erstreckt sich diese regelmäßig auch auf das Ergebnis der Beweisaufnahme (vgl. § 285 ZPO.). Im Protokoll muß vermerkt werden, daß die Parteien zur Sache und über das Ergebnis der Beweisaufnahme verhandelten. Die Verhandlung über das Ergebnis der Beweisaufnahme kann kosten- und gebührenrechtlich von der größten Bedeutung sein. Daß eine Verhandlung auch über das Ergebnis der Beweisaufnahme erfolgt ist, kann gemäß § 164 ZPO. nur durch das Protokoll bewiesen werden[21]). Der Urkundsbeamte möge dies besonders beachten, da in der Praxis sehr häufig der genannte Zusatz weggelassen wird.

Nach erfolgter Beweisaufnahme wird die Verhandlung regelmäßig mit einem Endurteil abschließen. Dieses muß bei der Verkündung schon schriftlich vorliegen (vgl. § 311 ZPO.). Die Urteilsformel wird daher in der Regel dem Urkundsbeamten zur Aufnahme in das Protokoll diktiert werden. Die Überschrift lautet im Protokoll: „Erkannt und verkündet".

---

[19]) Vgl. Stein, An. III zu § 160 ZPO.
[20]) Vgl. Stein, An. zu § 480 ZPO.
[21]) Vgl. Stein, An. I zu § 164 ZPO.

Wird die Urteilsformel aus einer besonderen Anlage verkündet (z. B. Urteil ist schon vollständig abgesetzt), so muß das Protokoll wie folgt lauten: „Es wurde anliegendes Urteil verkündet." Die Urteilsformel braucht in diesem Falle nicht noch außerdem in das Protokoll aufgenommen zu werden. Der Urkundsbeamte hat auf die Urteilsanlage den Tag der Verkündung zu vermerken und diese Bemerkung zu unterschreiben (§ 315 ZPO.).[22])

Oft kommt es vor, daß in einem Termine eine Verhandlung nicht stattfindet, z. B. weil die Sache von vornherein vertagt wird. Für diesen Fall gibt es in Preußen das Formular ZP. Nr. 73[a]. — Sogenannte „Niemandsprotokolle" sind jetzt nicht mehr zulässig, da die Verhandlung entweder vertagt werden muß, oder da das Ruhen des Verfahrens angeordnet werden muß (§ 251[a] ZPO.).

Am meisten Schwierigkeiten bereitet dem Urkundsbeamten die Protokollführung im Zivilprozeß, wenn gemäß § 311 ZPO. Urteile verkündet werden können, deren Formel bei der Verkündung nicht schriftlich niedergeschrieben zu sein braucht. Es handelt sich um folgende Urteile: Versäumnisurteile (welche beim Ausbleiben einer Partei ergehen — §§ 330 ff. ZPO.), Anerkenntnisurteile (Beklagter erkennt die Klageforderung an — § 307 ZPO.), Urteile, welche die Folgen der Klagerücknahme (§ 271 ZPO.) oder die Folgen des Verzichts auf den Klageanspruch (§ 306 ZPO.) aussprechen. Ferner gehören die sogenannten Läuterungsurteile hierher, welche den Eintritt der in einem bedingten Endurteil ausgedrückten Folgen aussprechen (§ 462 ZPO.). Die Läuterungsurteile kommen also in dem Verfahren vor, in welchem ein Eid für eine Partei (Kläger, Beklagter) normiert wird.

Es mag in allen diesen Fällen zulässig sein, daß die Urteilsformel nach der Verkündung in das Protokoll aufgenommen wird. Dieses Verfahren ist aber meist nicht das übliche. In den genannten Fällen handelt es sich um Urteile, welche entweder formularmäßig (wenn auch nicht immer Formulare existieren) angefertigt werden, oder bei denen zur Anfertigung kurze Vermerke zur Klageschrift (im amtsgerichtlichen Verfahren auch zum Zahlungsbefehl oder zum Güteantrage) genügen. Das Protokoll lautet daher entweder: „Es wurde ein Urteil des aus der Anlage ersichtlichen Inhalts verkündet" oder „Es wurde ein Urteil des aus dem Vermerke zur Klageschrift (Zahlungsbefehl, Güteantrag) ersichtlichen Inhalts verkündet."

Wann die eine Protokollform und wann die andere angebracht ist, soll nun erörtert werden. Zunächst wollen wir die Fälle besprechen, in denen das Protokoll zu lauten hat: „Es wurde ein

---

[22]) Das Gesetz verlangt allerdings nicht, daß gerade der Urkundsbeamte, der bei der Verkündung mitgewirkt hat, diesen Vermerk fertigt. Vgl. Stein, An. IV zu § 315 ZPO.

Urteil des aus der Anlage ersichtlichen Inhalts verkündet." Hierher gehören zunächst die Läuterungsurteile. Für diese kommt in Preußen das Formular ZP. Nr. 90 in Frage. Da es üblicherweise Sache des Urkundsbeamten ist, formularmäßige Urteile soweit fertig zu machen, daß sie vom Richter unterschrieben werden können (in Preußen besteht für den Urkundsbeamten eine Verpflichtung auf Grund der AV. vom 9. Nov. 1910 — JMBl. 1910, S. 393), soll die Ausfüllung dieses Formulars besprochen werden.

Gemäß § 313 ZPO. müssen die Parteien mit Namen (auch Vornamen), Stand oder Gewerbe und Wohnort (genaue Adresse!) bezeichnet werden. Es ist auch die Parteistellung (Kläger, Beklagter) anzugeben. Falls eine Partei einen gesetzlichen Vertreter hat, z. B. ein Minderjähriger, eine juristische Person (z. B. Aktiengesellschaft, Verein) ist auch dieser gesetzliche Vertreter in derselben genauen Weise zu bezeichnen. Es genügt nicht, daß man z. B. bei einer Aktiengesellschaft sagt: „Weberbauer-Brauerei-Aktiengesellschaft in Leobschütz, gesetzlich vertreten durch den Vorstand, Klägerin." Der Vorstand ist vielmehr durch Name, Stand oder Gewerbe sowie durch Wohnort näher zu bezeichnen. Die Angaben hierüber finden sich meist in der Klageschrift oder als Notiz des Vorsitzenden auf der Klageschrift. — Es sind ferner auch die Prozeßbevollmächtigten (Anwälte) anzugeben und zwar in derselben genauen Weise. Es heißt aber nicht im Protokoll: „Kaufmann Franz Müller in Beuthen, Gorzstraße 13, Kläger, vertreten durch Rechtsanwalt Schneider in Beuthen", sondern es muß heißen: „— Kläger, Prozeßbevollmächtigter: Rechtsanwalt Schneider in Beuthen, Gorzstraße 13". Die Wendung „vertreten" gebraucht man üblicherweise nur für die gesetzlichen Vertreter. — Das Formular enthält dann weiter den Vordruck „wegen". Hier ist anzugeben, um welche Rechtsmaterie es sich handelt, z. B. Kauf, Darlehen. Eine Angabe „wegen Forderung" genügt nicht. — Alsdann folgen weitere Angaben wegen Bezeichnung des Gerichts, wegen Datums der mündlichen Verhandlung und wegen Benennung der Richter. Die Urteilsformel kann der Urkundsbeamte auf Grund des bei den Akten befindlichen bedingten Endurteils in derselben Sache und auf Grund der mündlichen Verkündung der Urteilsformel mühelos niederschreiben. Bei dem Tatbestand und bei den Entscheidungsgründen handelt es sich um einfache Ausfüllungen. Der Urkundsbeamte unterschreibt nicht das Urteil, sondern nur den Verkündungsvermerk links oben auf dem Urteilsformular.

Bei einem Verzicht auf den Klageanspruch (§ 306 ZPO.) gibt es in Preußen kein besonderes Formular. Der Urkundsbeamte wird ein gewöhnliches Urteilsformular nehmen und den Urteilskopf (nicht Tatbestand und Entscheidungsgründe) ausfüllen. Die Urteilsformel lautet auf Klageabweisung. Wegen der Einzelheiten der Urteilsformel, insbesondere wegen der vorläufigen Vollstreckbarkeit muß der Urkundsbeamte bei der mündlichen Verkündigung aufpassen. — Wenn der Urkundsbeamte diesen Urteilskopf nicht ausfüllen will, muß er die Urteilsformel nach der Verkündung in das Protokoll aufnehmen und zwar mit den Eingangsworten: „Erkannt und verkündet.“

Für das Protokoll ist im Falle des Verzichts auf den Klageanspruch zu beachten, daß dieser Verzicht gemäß § 160 Nr. 1 ZPO. beurkundet werden muß.

Für den Fall der Klagerücknahme (§ 271 ZPO.) gibt es in Preußen auch kein besonderes Formular. Hinsichtlich des Urteilskopfes gelten dieselben Ausführungen wie für den vorhin besprochenen Fall des Verzichts. Die Urteilsformel lautet: „Die Kosten des Rechtsstreits werden dem Kläger auferlegt.“ Wegen der Einzelheiten der Urteilsformel muß auch hier der Urkundsbeamte bei der mündlichen Verkündung achtgeben.

Ein besonderes Formular gibt es dagegen in Preußen für den Fall, in welchem ein Versäumnisurteil gegen den Kläger ergeht (Formular ZP. Nr. 79). Für die Ausfüllung des Urteilsformulars gelten dieselben Ausführungen wie bei dem Läuterungsurteil. Zu beachten ist noch, daß das Gericht möglicherweise das Urteil auch hinsichtlich der Kosten für vorläufig vollstreckbar erklärt. Alsdann ist der Vordruck entsprechend zu ergänzen.

Nunmehr kommen wir zu den Fällen, in denen ein einfacher Vermerk (kein Tatbestand, keine Entscheidungsgründe!) als Urteil genügt. Es besteht wohl bei allen Gerichten die Übung, daß der Entwurf dieser Vermerke unbedingt Sache des Urkundsbeamten ist. Diese Vermerke zur Klageschrift (beim Amtsgericht auch zum Zahlungsbefehl oder zum Güteantrage — § 696 Abs. IV, § 499e ZPO.) sind gemäß § 313 Abs. III ZPO. zulässig, wenn durch Versäumnisurteil oder durch Anerkenntnisurteil nach dem Antrage des Klägers erkannt wird. Unter dem Kläger ist nicht der Widerkläger zu verstehen[23]). Wird also durch Versäumnisurteil die Klage abgewiesen und nach dem Widerklageantrage des Beklagten erkannt, so wird man auch das Formular ZP. Nr. 79 — Versäumnisverfahren gegen den Kläger — kaum verwenden können. Die Urteilsformel muß entweder nach der Verkündung in dem Protokoll niedergeschrieben werden, oder es ist der Urteilskopf eines gewöhnlichen Urteilsformulars als Anlage auszufüllen.

§ 313 Abs. III ZPO. setzt also voraus, daß nach dem Antrage des Klägers (dieser Antrag braucht aber nicht notwendig in der Klage enthalten zu sein) erkannt worden ist; d. h. der Kläger darf zu keinem Teil, auch nicht hinsichtlich der Kosten unterlegen sein[24]). Ist letzteres der Fall, so gilt dasselbe, was hinsichtlich des

[23]) Stein, An. VI zu § 313 ZPO.
[24]) Stein, An. VI zu § 313 ZPO.

Urteils nach dem Antrage des Widerklägers bemerkt wurde. — Nach dem Antrage des Klägers ist auch dann erkannt, wenn nur über einen Teil des Anspruchs nach dem Antrage des Klägers entschieden wird. (Beispiel: Beklagter erkennt nur einen Teil des Anspruchs an.) — Ob auch im Falle des § 345 ZPO., wenn auf den Antrag des Klägers hin der Einspruch des ausgebliebenen Beklagten gegen ein früheres Versäumnisurteil verworfen wird, § 313 Abs. III ZPO. Anwendung findet, mag dahingestellt bleiben. Da gegen ein solches Urteil gemäß § 513 ZPO. die Berufung als Rechtsmittel in Frage kommt, empfiehlt sich die Anfertigung eines vollständigen Urteils mit Tatbestand und Entscheidungsgründen. Für den Urkundsbeamten gilt also hier dasselbe wie im Falle des Urteils bei einem Verzicht auf den Klageanspruch.

Jetzt wollen wir die Form des Urteilsvermerkes gemäß § 313 Abs. III ZPO. besprechen. Es handelt sich also um einen Vermerk zur Klageschrift bzw. beim Amtsgericht auch zum Zahlungsbefehl oder zum Güteantrage. Nicht aber ist dieser Urteilsvermerk zu einem beliebigen anderen Schriftsatze zulässig, was oft in der Praxis nicht beachtet wird. Die gebräuchlichste Form dieses Urteilsvermerkes ist der Stempel. Dieser lautet üblicherweise folgendermaßen:

Im Namen des Volkes!

Anerkenntnis=Versäumnis=Urteil

Verkündet	Erkannt nach dem Antrage der Klageschrift.
am ... ten 1928	Kosten zu Lasten des Beklagten.
Der Urkundsbeamte der Geschäftsstelle.	Das Urteil ist vorläufig vollstreckbar.
.....	Das Landgericht ... Zivilkammer.

Dieser Urteilsvermerk (Stempel) enthält also nicht die Bezeichnung der Parteien und ihrer Prozeßbevollmächtigten. Der Grund ist der, daß dieser Stempel auf die Klageschrift (bzw. Zahlungsbefehl oder Güteantrag) gesetzt wird, und daß in den genannten Schriftstücken die Parteien und die Prozeßbevollmächtigten angegeben sind. Ist dies teilweise nicht der Fall, z. B. in der Klageschrift fehlt der Anwalt des Beklagten, so ist der Urteilsstempel in dieser Hinsicht handschriftlich zu ergänzen.

Die Form des Urteilsstempels kann aber nur benutzt werden, wenn dem Antrage in der Klageschrift (bzw. im Zahlungsbefehl, im Güteantrage) vollinhaltlich entsprochen wird, so daß die Urteilsformel in einer wörtlichen Wiedergabe des Antrages zu bestehen hätte. Nur wegen der Zinsen, der Kosten oder der vorläufigen Vollstreckbarkeit können Zusätze gemacht werden[25]). In dem von uns gebrachten Beispiele eines Urteilsstempel sind daher wegen der Kosten und der vorläufigen Vollstreckbarkeit mit Recht Zusätze gemacht worden. Es könnte in unserem Beispiele auch noch ein Zusatz wegen der Zinsen gemacht werden. — Falls jedoch anderweitig von dem Klageantrage (bzw. Zahlungsbefehl oder Güteantrag) abgewichen wird, oder falls anderweitige Zusätze erforderlich sind, muß die Urteilsformel vollständig niedergeschrieben werden. Der Gebrauch des Urteilsstempels ist in einem solchen Falle nicht möglich. Es muß vielmehr ein formularmäßiger Urteilsvermerk verwendet werden. In Preußen kommt beim Landgericht das Formular ZP. Nr. 78 in Frage. Das amtsgerichtliche Formular ZP. Nr. 14 stimmt mit dem landgerichtlichen Formular fast wörtlich überein. Die genannten Formulare sind also z. B. zu benutzen, wenn der Beklagte nur einen Teil der Klageforderung anerkennt, ferner wenn statt Verurteilung zum Anerkenntnis — Feststellung erfolgt, oder wenn statt Verurteilung zur Freigabe Ausspruch der Unzulässigkeit der Zwangsvollstreckung erfolgt. Die genannten Formulare sind auch zu verwenden, wenn ein neues Versäumnisurteil unter Aufrechterhaltung oder Aufhebung eines früheren Versäumnisurteils ergeht[26]). Es ist also z. B. ein Mißbrauch, wenn bei Anerkenntnis der 1000 Mark betragenden Klageforderung in Höhe von 200 Mark der Urteilsstempel benutzt wird (etwa in der Form: „erkannt nach dem Antrage der Klageschrift in Höhe von 200 Mark").

Bei dem zuletzt genannten Teilurteil, wie überhaupt bei allen Versäumnis- und Anerkenntnis-Teilurteilen muß der Urkundsbeamte bei der Verkündung aufpassen, ob über die Kosten entschieden wird[27]).

Ausdrücklich wird nochmals bemerkt, daß in allen Fällen des § 311 ZPO., in denen also bei der Urteilsverkündung die Urteilsformel noch nicht schriftlich niedergeschrieben zu sein braucht, selbstverständlich Verhandlungsprotokolle zu fertigen sind. Falls der Klageanspruch von vornherein anerkannt wird, ist in Preußen Formular ZP. Nr. 77, falls es zu einem Versäumnisverfahren gegen den Beklagten kommt, ist Formular ZP. Nr. 81 zu benützen.

Falls die Verhandlung vor der Kammer für Handelssachen erfolgt, gibt es in Preußen für die meisten Fälle besondere Formulare, welche als einziges Unterscheidungsmerkmal den Vermerk: „Öffentliche Sitzung der — Kammer für Handelssachen des Landgerichts" tragen.

---

[25]) Stein, An. VI zu § 313 ZPO.

[26]) Die vorläufige Vollstreckbarkeit des neuen Versäumnisurteils ist selbständig auszusprechen. Vgl. Stein, An. I zu § 343 ZPO.

[27]) Über die Kosten ist im Teilurteil nicht zu entscheiden. Vgl. Stein, An. IV zu § 301 ZPO. — Dies gilt auch bei Streitgenossen. Vgl. Stein, An. IV zu § 91 ZPO. (Streitfrage!)

§ 16.

Besonderheiten des Verfahrens bei dem Amtsgericht, bei dem Arbeitsgericht, bei dem Einzelrichter und bei dem beauftragten Richter und in Berufungs- und Ehescheidungssachen.

I. Amtsgericht.

1. Ordentliches Verfahren.

Unter diesem ordentlichen Verfahren verstehen wir die Verhandlungen in Zivilprozeßsachen, soweit keine besondere Regelung bei ihnen erfolgt ist. Es gehört nicht hierher das Verfahren in Mieterschutz- und in Pachtschutzsachen, ferner nicht das Verfahren in Sühneterminen in Eheangelegenheiten, ferner nicht das Verfahren in Entmündigungs-, Rechtshilfe-, Aufgebots- und Offenbarungseidssachen.

a) Das Güteverfahren.

Der Erhebung der Klage muß grundsätzlich ein Güteverfahren vorausgehen (§ 495 a ZPO.).

Die Güteverhandlung ist nicht öffentlich[1]). Für das Protokoll gilt § 499 g ZPO. Außerdem sind aber die Vorschriften der §§ 159 ff. ZPO. entsprechend anzuwenden[2]). Es ist also insbesondere § 159 ZPO. über Ort und Tag der Verhandlung usw. zu beachten. Die Parteibezeichnung lautet: Antragsteller, Antragsgegner.

Ist im Termin niemand erschienen, so ist dies im Protokoll zu vermerken. Gemäß § 499 f ZPO. erklärt das Gericht den Güteantrag für zurückgenommen. Dieser Beschluß ist wie jeder andere Beschluß zu beurkunden.

Bleibt nur eine Partei aus, so kann gemäß § 499 f ZPO. die erschienene Partei den Antrag auf Eintritt in das Streitverfahren stellen. Dieser Antrag ist zu protokollieren. Stellt der Antragsteller (dieser hat die Rolle des Klägers) den Antrag auf Eintritt in die Streitverhandlung, so muß er alsdann die Prozeßgebühr voll bezahlen, also in der Regel eine halbe Gebühr nachzahlen. Eine Ausnahme kann nur gemäß § 74 a GKG. eintreten, z. B. weil der Antragsteller das Armenrecht hat. — Es ist üblich, daß der Urkundsbeamte die etwa zu zahlende Gebühr sofort berechnet und in Gerichtskostenmarken entgegennimmt. Die Marken können auf das Protokoll aufgeklebt werden. — Stellt der Antragsgegner den Antrag auf Eintritt in das Streitverfahren, so greifen diese Vorschriften über Vorwegerhebung der Gebühr nicht Platz[3]). Der Eintritt in das Streitverfahren erfolgt durch Beschluß des Ge-

---

[1]) Stein, An. I zu § 499 c ZPO.
[2]) Vgl. Stein, An. I zu § 499 g ZPO.
[3]) Stein, An. I zu § 499 e ZPO.

richts, welcher erst nach Zahlung der Prozeßgebühr ergeht, falls die Vorschriften über die Vorwegerhebung der Gebühr Anwendung finden. — Der Beschluß ist zu protokollieren. Es genügt der Vermerk: „Darauf wurde in das Streitverfahren eingetreten." Es ist ferner zu vermerken, daß nunmehr in öffentlicher Sitzung verhandelt wurde[4]). Es wird dann in der Regel ein Versäumnisurteil beantragt werden. Es gelten dann die Ausführungen in § 15 dieser Schrift. — Zahlt der Antragsteller die Gebühr nicht, so schließt die Verhandlung ohne Beschluß und ohne Streitverhandlung.

Erscheinen beide Parteien im Termin, so versucht der Richter zunächst eine gütliche Einigung. Gelingt diese, so ist der Vergleich[5]) zu protokollieren (vollständige Parteibezeichnung!). — Im Falle eines Vergleiches oder der Zurücknahme des Güteantrages brauchen auch Aussagen von Zeugen und Sachverständigen, falls solche vernommen sind, sowie das Ergebnis eines etwaigen Augenscheins nicht protokolliert zu werden. — Sollte es weder zur Einigung, noch zur Rücknahme des Güteantrages, noch zur Stellung des Antrages auf Eintritt in das Streitverfahren kommen, so ist im Protokoll zu vermerken, daß eine Einigung nicht zustandegekommen ist, und daß irgendwelche Anträge nicht gestellt wurden[6]). — Wird der Eintritt in das Streitverfahren beantragt, so gelten dieselben Grundsätze, welche wir für den Fall, daß nur eine Partei erscheint, bereits kennen gelernt haben. Es empfiehlt sich, daß vor der Stellung des Antrages auf Eintritt in die Streitverhandlung vermerkt wird, daß der Güteversuch erfolglos war. Die Streitverhandlung selbst wollen wir nun im Folgenden besprechen.

b) Streitverfahren.

Das Streitverfahren tritt in der Regel nach vorausgegangenem Güteverfahren ein. Es ist aber auch möglich, daß das Streitverfahren auf Grund einer Klage von vornherein beginnt.

Für das Streitverfahren gelten grundsätzlich die Ausführungen in § 15 dieser Schrift. Wir wollen jetzt nur einige Besonderheiten besprechen. Gemäß § 510 a ZPO. sind die Sachanträge im Sitzungsprotokoll selbst oder in besonderen Anlagen festzustellen. Die Anträge müssen also wörtlich in das Protokoll aufgenommen werden. Sind die Anträge jedoch schon in einem vorbereitenden Schriftsatz enthalten, so genügt die Bezugnahme auf diesen Schriftsatz. Im letzteren Falle lautet also das Protokoll z. B. „Kläger stellte den

---

[4]) In der Praxis sieht man das Verfahren vielfach als öffentlich an. Von unserer Ansicht aus, welche der herrschenden Meinung entspricht, können große Umständlichkeiten entstehen, falls viele Sachen in einer Sitzung anstehen. — Rechtsnachteile in der Sache selbst können nicht eintreten, wenn das Güteverfahren unrichtigerweise als öffentliches Verfahren behandelt wird.

[5]) Auch ein Anerkenntnis kann vergleichsweise abgegeben werden. Es bedarf keines Eintritts in das Streitverfahren. Vgl. Stein, An. III zu § 499 c ZPO.

[6]) Vgl. Stein, An. II zu § 499 g ZPO.

Antrag aus dem Schriftsatz vom ....." Es kann auch auf den Antrag im Güteantrage oder im Zahlungsbefehl Bezug genommen werden. — Eine Verlesung der Anträge durch die Parteien erfolgt nicht.

Erklärungen über Annahme oder Zurückschiebung zugeschobener Eide müssen gemäß § 510 a ZPO. unbedingt im Protokoll beurkundet werden. Es genügt aber auch hier die Bezugnahme auf vorbereitende Schriftsätze, falls in diesen die Erklärungen enthalten sind. Andere Erklärungen werden nach dem Ermessen des Gerichts festgestellt. Als Anhaltspunkt können für die Protokollierung dieser Erklärungen die Ausführungen in § 15 dieser Schrift dienen.

Bemerkt wird noch, daß vorbereitende Schriftsätze, welche Sachanträge oder Erklärungen über Annahme oder Zurückschiebung zugeschobener Eide enthalten, und auf welche Bezug genommen wird, dadurch noch nicht zu Anlagen des Protokolls werden[7]).

§ 510 ZPO. handelt von einer besonderen Aufforderung zur Erklärung über eine Urkunde. Diese Aufforderung braucht nicht unbedingt protokolliert zu werden[8]).

Formulare für das Streitverfahren bei dem Amtsgericht gibt es in Preußen in denselben Fällen, wie im Verfahren bei dem Landgericht.

2. Besondere Verfahren bei dem Amtsgericht.

a) In Mieterschutzsachen.

Es handelt sich um Räumung von Mietswohnungen. Neben der Aufhebungsklage ist jetzt ein sogenanntes Kündigungsverfahren möglich. In dem letzteren wird dem Mieter ein Kündigungsschreiben durch das Gericht zugestellt. Gegen die Kündigung kann der Mieter Widerspruch erheben. Im Falle des Widerspruchs gilt das Kündigungsschreiben als Güteantrag. Wird nicht rechtzeitig Widerspruch erhoben, so kann ein Räumungsbefehl ergehen. Gegen diesen ist Einspruch so wie gegen ein Versäumnisurteil möglich.

Für die Mieterschutzsachen ist das Mietsschöffengericht zuständig. Das Verfahren ist im übrigen das ordentliche amtsgerichtliche Verfahren[9]). — Falls die Parteien es beantragen, kann der Amtsrichter im ersten Termin unter Umständen ohne Mietsschöffen entscheiden (§ 11 MSchG.). Dieser übereinstimmende Antrag ist im Protokoll zu vermerken. Für die Beeidigung der Mietsschöffen sowie für Ordnungsstrafen gegen Mietsschöffen gilt dasselbe wie bei den

---

[7]) Stein, An. II, 2 zu § 510 a ZPO.

[8]) Stein, An. zu § 510 ZPO.

[9]) Ebel-Lilienthal, An. 2 zu § 8 MSchG. — Es ist also grundsätzlich ein Güteverfahren notwendig, abgesehen von dem Fall, daß ein Räumungsbefehl ergangen ist. Vgl. Ebel-Lilienthal, An. 2 zu § 11 MSchG. und An. 2 zu § 1 g MSchG.

Schöffen in Strafsachen. Schon hier wird bemerkt, daß auch für sonstige Laienbesitzer in Zivilsachen dasselbe gilt.

b) In Pachtschutzsachen.

Es handelt sich hier um die Verlängerung von gewissen Pachtverträgen und um die anderweitige Festsetzung der Leistungen aus denselben. Es ist das Pachteinigungsamt zuständig, in Preußen der Amtsrichter und zwei Laienbeisitzer. Mit Zustimmung der Parteien (Bezeichnung: Antragssteller und Antragsgegner) kann die Zuziehung der Beisitzer unterbleiben (§ 9 Pr.PSchO.). Diese Zustimmung ist alsdann zu protokollieren. Die Verhandlungen sind nicht öffentlich (§ 14 Pr.PSchO.). Das Verfahren ist ein Beschlußverfahren. Die Entscheidung (Beschluß) kann auch beim Ausbleiben der Parteien ergehen (§ 22 Pr.PSchO.). Ein Versäumnisverfahren gemäß §§ 330 ff. ZPO. ist aber nicht möglich. — Es muß ein Protokoll aufgenommen werden. Für das Protokoll sowie auch für eine etwaige Beweisaufnahme gelten die Vorschriften der ZPO. (§§ 21, 28 Pr.PSchO.). Es sind also unsere Ausführungen über das ordentliche amtsgerichtliche Verfahren zu beachten. Ein besonderes Güteverfahren gemäß § 495 a ff. ZPO. findet aber nicht statt, sondern lediglich ein formloser Einigungsversuch vor dem Vorsitzenden (§ 18 PrPSchO.). Es bedarf also keines besonderen Eintritts in die Streitverhandlung.

c) In Entmündigungssachen (§§ 645 ff. ZPO.).

Es handelt sich hier um ein Beschlußverfahren. Ein Versäumnisurteil gemäß §§ 330 ff. ZPO. kann nicht ergehen. Eine Verhandlung im eigentlichen Sinne findet nicht statt. Wegen der Frage der Öffentlichkeit vgl. § 5 dieser Schrift.

Für das Protokoll gilt § 159, § 160 Nr. 3, 4, 5, 6, § 162 ZPO. (Also: Ort, Tag der Verhandlung usw.). Als Bezeichnung der Sache ist aber die Wendung „In der Entmündigungssache gegen den ..... wegen (z. B. Geisteskrankheit)" zu wählen. Als Erschienene sind der Antragsteller (z. B. Staatsanwalt) sowie der zu Entmündigende aufzuführen.

Für die Vernehmung der Zeugen und Sachverständigen gelten die Regeln, welche wir in § 7 dieser Schrift kennen gelernt haben (§ 653, § 680 ZPO.). — Falls bei der Entmündigung wegen Geisteskrankheit oder Geistesschwäche eine Vernehmung des zu Entmündigenden erfolgt (§ 654 ZPO.), handelt es sich um eine Beweisaufnahme, nämlich um einen richterlichen Augenschein. Das Protokoll hat den ganzen Inhalt der gesamten Vernehmung einschließlich der Tätigkeit des Sachverständigen bis ins Einzelne darzustellen. Die Vorlesung des Protokolls darf nur unterbleiben,

[10]) Stein, An. I und V zu § 654 ZPO.
[11]) Stein, An. I zu § 610 ZPO.

wenn der zu Entmündigende nach Ansicht des Richters unfähig wäre, ihr mit Verständnis zu folgen[10]). Verlesung und Grund der Nichtverlesung muß im Protokoll vermerkt werden.

d) In Ehesachen.

Es handelt sich hier um den Sühnetermin in Eheangelegenheiten (§§ 608, 609 ZPO.). Dieser Sühneversuch ist nicht öffentlich[11]). Ein Protokoll ist nur aufzunehmen, wenn ein Vergleich geschlossen wird; andernfalls kann das Ergebnis des Termins durch einen kurzen Vermerk in den Akten festgestellt werden[12]). Wenn im Falle eines Vergleiches ein Protokoll aufgenommen wird, gelten für dieses die Vorschriften der §§ 159, 160 Nr. 1, 162 ZPO.

e) In Offenbarungseidssachen.

Der Termin ist nicht öffentlich[13]). Es handelt sich um ein Beschlußverfahren; es ist also kein Versäumnisurteil gemäß §§ 330 ff. ZPO. möglich. Die Parteien heißen Gläubiger und Schuldner. Für das Protokoll gilt insbesondere § 159, § 160 Nr. 5, 6 ZPO. — Der Widerspruch des Schuldners gegen die Verpflichtung zur Leistung des Eides, ebenso auch die Beschlüsse des Gerichts sind zu protokollieren. In Preußen ist Formular ZP. Nr. 60 zu verwenden.

f) In Aufgebotssachen, §§ 946 ff. ZPO., § 23 GVG.

Es wird gemäß § 952 ZPO. in öffentlicher Sitzung ein Ausschlußurteil erlassen. Für das Protokoll gilt insbesondere § 159, § 160 Nr. 5, 6 ZPO. Die Anwesenheit der Parteien ist nicht erforderlich. In das Protokoll sind gegebenenfalls der Antrag des Antragstellers auf Erlaß des Ausschlußurteils, sowie etwaige Anmeldungen aufzunehmen.

g) In Rechtshilfesachen (§ 157 GVG.).

Die Verhandlung ist nicht öffentlich. Es handelt sich in der Regel um Vernehmung von Zeugen und von Sachverständigen auf Grund des Ersuchens eines anderen Gerichts. Es gelten die Ausführungen des § 7 dieser Schrift. Auf das Protokoll finden die Vorschriften der §§ 159 ff. ZPO. Anwendung[14]). Zu erwähnen sind folgende Besonderheiten: Ein Geständnis vor einem ersuchten Richter wirkt nur, wenn es protokolliert ist[15]). — Wenn ein Zeuge sein Zeugnis verweigert, muß der ersuchte Richter gemäß § 389 ZPO. die Grundlage für die Entscheidung des Prozeßgerichts schaffen. Die Weigerung des Zeugen ist neben den Erklärungen der Parteien, soweit sie anwesend sind, in das Protokoll aufzunehmen[16]).

---

[12]) AV. des Pr. Justizministers vom 22. Dez. 1924, JMBl. 1925, S. 3, vgl. auch Stein, An. III zu § 610 ZPO.

[13]) Stein, An. IV zu § 900 ZPO.

[14]) Stein, An. zu § 165 ZPO.

[15]) Stein, An. II 2c zu § 288 ZPO.

[16]) Stein, An. I zu § 389 ZPO.

II. Arbeitsgericht.

Für die Verhandlung vor dem Arbeitsgericht gelten die für das amtsgerichtliche Verfahren maßgebenden Vorschriften der ZPO. entsprechend, soweit im AGG. nichts anderes bestimmt ist (§ 46 AGG.). Es wird daher auf unsere Ausführungen betreffend das ordentliche Verfahren bei dem Amtsgericht verwiesen. Zu beachten sind aber folgende Besonderheiten:

Beim Arbeitsgericht tritt nach Klageerhebung ein Güteverfahren ein, das einen Teil des Prozeßverfahrens bildet, und das kein Vorverfahren ist wie das gewöhnliche Güteverfahren in anderen Sachen bei dem Amtsgericht[17]). Es bedarf also keines besonderen Eintritts in die Streitverhandlung. — Die Güteverhandlung findet im ersten Termin vor dem Vorsitzenden statt (§ 54 AGG.). Das Ergebnis der Güteverhandlung ist in das Protokoll aufzunehmen. Bleibt das Güteverfahren erfolglos, so muß sich diese Tatsache aus dem Protokoll ergeben, ferner wird die Tatsache der Vornahme besonderer Aufklärungshandlungen zu vermerken sein. Inwieweit auch der Inhalt der Parteierklärungen oder die Aussagen von Auskunftspersonen in das Protokoll aufzunehmen sind, bleibt dem Ermessen des Vorsitzenden überlassen.

Schließt sich gemäß § 55 Abs. I AGG. die Streitverhandlung an die Güteverhandlung sofort an, so hindert nichts, beide Verhandlungen in einem Protokoll wiederzugeben, wobei selbstverständlich besonders ersichtlich gemacht werden muß, ob die Streitverhandlung gleichfalls vor dem Vorsitzenden allein oder unter Zuziehung von Beisitzern stattgefunden hat[18]). Der Vorsitzende kann auch allein entscheiden, wenn die Entscheidung in der an die Güteverhandlung unmittelbar anschließenden Verhandlung erfolgen kann und die Parteien sie übereinstimmend beantragen (§ 55 AGG.). Dieser Antrag ist im Protokoll zu beurkunden. Der Antrag ist auch zu verlesen, die geschehene Verlesung ist im Protokoll zu vermerken[19]).

Bei der Verkündung des Endurteils ist, sofern nicht beide Parteien abwesend sind, der wesentliche Inhalt der Entscheidungsgründe mitzuteilen (§ 60 AGG.). Dies ist auch im Protokoll zum Ausdruck zu bringen.

III. Einzelrichter. (§§ 348 ff. ZPO.)

Über den Begriff vgl. § 2 dieser Schrift. Für die Protokollführung gelten dieselben Vorschriften wie für die Verhandlung vor der Zivilkammer des Landgerichts.

[17]) Dersch-Volkmar, An. 1 zu § 54 AGG.
[18]) Dersch-Volkmar, An. 7 zu § 54 AGG.
[19]) Dersch-Volkmar, An. 10 zu § 55 AGG.

IV. Beauftragter Richter.

Über den Begriff vgl. § 2 dieser Schrift. Für die Protokollführung gelten dieselben Vorschriften wie für den ersuchten Richter (vgl. I, 2g dieses Paragraphen).

V. Besonderheiten in Berufungssachen.

Grundsätzlich gelten für die Protokollführung die Ausführungen in § 15 dieser Schrift. Folgende Besonderheiten sind zu erwähnen. Die Parteibezeichnungen lauten: Berufungskläger und Berufungsbeklagter.

Falls im ersten Termin verhandelt wird, wird vom Vorsitzenden die Rechtzeitigkeit der Berufung nachgeprüft[20]). Diese Prüfung ist im Protokoll zu vermerken. (Vgl. z. B. den Vermerk im Formular ZP. Nr. 98.)

Formularmäßige Urteile gibt es in Preußen für den Fall, daß ein bedingtes Endurteil geläutert wird (z. B. Formular ZP. Nr. 105 fürs Landgericht), ferner gibt es ein formularmäßiges Urteil für den Fall des Ausbleibens des Berufungsklägers und der Zurückweisung seiner Berufung (z. B. ZP. Nr. 101 fürs Landgericht). Wenn der Berufungskläger die Berufung zurückgenommen hat und dann im Termin ausbleibt, wird er der Berufung für verlustig erklärt. Für diesen Fall gibt es ein spezielles Formular, z. B. in Preußen ZP. Nr. 103 für das Landgericht. — Abgekürzte Urteile gemäß § 313 Abs. III ZPO. (z. B. Urteilsstempel) kommen in Berufungssachen nicht in Frage[21]). Der Urkundsbeamte braucht also nur die vorhin genannten Urteilsformulare im Versäumnis- und Läuterungsverfahren auszufüllen.

VI. Besonderheiten in Ehescheidungssachen.

Grundsätzlich gelten auch hier die Ausführungen im § 15 dieser Schrift. Folgendes soll noch erörtert werden:

Gemäß § 607 ZPO. kann die Staatsanwaltschaft mitwirken. Diese Mitwirkung kommt aber praktisch kaum vor[22]).

Ein Versäumnisverfahren gegen den Beklagten oder Widerbeklagten ist unzulässig[23]).

Falls gemäß § 619 ZPO. die Vernehmung einer Partei erfolgt, sind die Aussagen in das Protokoll aufzunehmen. Für diese Vernehmung gelten aber nicht die Formen der Zeugenvernehmung[24]). Es werden also vor allem nicht die Personalien so wie bei den Zeugen festgestellt.

---

[20]) Vgl. Stein, An. III zu § 526 ZPO.

[21]) Vgl. Sydow-Busch, An. 11 zu § 313 ZPO.

[22]) Die Anträge der Staatsanwaltschaft können in das Protokoll selbst aufgenommen werden. Vgl. Stein, An II zu § 607 ZPO.

[23]) § 618 ZPO., vgl. auch Stein, An. I zu § 618 ZPO.

[24]) Stein, An. II zu § 619 ZPO.

In Preußen gibt es für die streitige Verhandlung in Ehesachen das Formular ZP. Nr. 111.

§ 17.

Zwangsversteigerung und Zwangsverwaltung.

Es handelt sich hier um Zwangsvollstreckungsmaßnahmen in Grundstücke.

Die Zwangsversteigerung bezweckt die Befriedigung des Gläubigers durch Veräußerung des Grundstücks seines Schuldners; die Zwangsverwaltung bezweckt diese Befriedigung aus den Einnahmen des Grundstücks durch eine Verwaltung desselben.

Für die Vollstreckungsmaßnahmen ist das Amtsgericht zuständig, in dessen Bezirk das Grundstück gelegen ist (§ 1 ZVG.).

Für die Protokolle in Zwangsversteigerungssachen gelten die Vorschriften der §§ 159—164 ZPO. entsprechend[1]). Das Protokoll im Versteigerungstermin muß besonders genau und sorgfältig abgefaßt sein. § 78 ZVG. bestimmt nämlich, daß Vorgänge im Termin, die für die Entscheidung über den Zuschlag oder für das Recht eines Beteiligten in Frage kommen, durch das Protokoll festzustellen sind. § 80 ZVG. bestimmt weiter: „Vorgänge in dem Versteigerungstermine, die nicht aus dem Protokoll ersichtlich sind, werden bei der Entscheidung über den Zuschlag nicht berücksichtigt."

Die Protokollführung im Zwangsversteigerungstermin wollen wir nun erörtern. Dies ist nicht etwa deshalb überflüssig, weil gewöhnlich Rechnungssachverständige (Kalkulatoren) im Zwangsversteigerungstermin das Protokoll führen. Der Richter hat für die Berechnung des geringsten Gebotes, welches im Versteigerungstermin die größte Rolle spielt, die alleinige Verantwortung, auch wenn er sich der Hilfe eines Rechnungsverständigen bedient hat[2]). Der gewissenhafte Richter hat daher gar kein so großes Interesse an der Zuziehung eines Rechnungsverständigen als Protokollführer. Auch in einfachen Sachen wird häufig ein Urkundsbeamter als Protokollführer hinzugezogen werden. Diesem ist natürlich nicht die Berechnung des geringsten Gebotes zuzumuten. Wir wollen diese Berechnung daher auch gar nicht hier erörtern.

In Preußen wird Formular ZV. Nr. 12 für den Versteigerungstermin benutzt.

In dem Protokoll muß enthalten sein: Ort und Tag der Verhandlung. Es ist nicht vorgeschrieben, empfiehlt sich aber, aus dem Protokoll hervorgehen zu lassen, daß und zu welcher Stunde der Aufruf der Sache erfolgt ist. Die Verhandlungen im Termin sind nach Jaeckel-Güthe öffentliche[3]). Das Formular ZV. Nr. 12

[1]) Vgl. Jaeckel-Güthe, An. 2 zu § 78 ZVG.

[2]) Reinhard, An. 11 zu § 44 ZVG.

[3]) Jaeckel-Güthe, An. 1 zu § 66 ZVG., ferner Jaeckel-Güthe, An. 3 zu § 78 ZVG.

geht von der Nichtöffentlichkeit aus. Das Protokoll muß ferner enthalten den Namen des Richters, des Urkundsbeamten, des etwaigen Dolmetschers, ferner die Angabe des Terminszwecks, ferner die Namen der erschienenen Beteiligten, der gesetzlichen Vertreter, der Bevollmächtigten und der Beistände. Nach Aufruf hat das Gericht zu Protokoll festzustellen, wer von den Beteiligten im Sinne des § 9 ZVG. (z. B. Hypothekengläubiger) erschienen ist. Die Bietungslustigen werden nicht festgestellt. Entscheidend ist die Anwesenheit und Meldung nach erfolgtem Aufruf. Ob die Erschienenen der Verhandlung bis zum Ende beiwohnen, oder ob sie sich im Laufe der Verhandlung entfernen, kommt nicht in Betracht. Die Entfernung ist also nicht im Protokoll besonders zu vermerken[4]). Später Erscheinende müssen sich melden, wenn sie aufgeführt sein wollen. Im Protokoll muß ferner enthalten sein die Feststellung, daß den Vorschriften des § 43 ZVG. genügt ist. (Wahrung der Fristen hinsichtlich der Terminsanberaumung.) Eine etwa von dem Beteiligten, dem nicht gehörig zugestellt ist, erklärte Genehmigung ist ausdrücklich festzustellen. Sodann sind den Beteiligten und den Bietungslustigen Aufklärungen über die Lage der Sache zu geben. Dazu gehört die Bekanntmachung der das Grundstück betreffenden Nachweisungen (vgl. Vermerk im Formular). Es genügt, wenn das wesentliche vom Richter mitgeteilt wird. Um etwaigen Versehen vorzubeugen und den Erschienenen Gelegenheit zu geben, sich selbst zu unterrichten, empfiehlt es sich, ihnen nach der mündlichen Mitteilung die Nachweisungen aus den Akten zur Einsicht vorzulegen und dies im Protokoll zu vermerken[5]). Das Gericht hat ferner die betreibenden Gläubiger, ihre Ansprüche und die Zeit der Beschlagnahme bekanntzumachen, desgleichen die Anmeldungen. Das Protokoll muß die Einzelheiten enthalten (vgl. das Formular). — Auch noch im Termin selbst können Anmeldungen erfolgen. Diese sind dann zu Protokoll festzustellen und zwar an der Stelle des Protokolls, an welcher sie gerade erfolgen[6]). Das Protokoll muß ferner enthalten die über die Anmeldungen von den betreibenden Gläubigern abzugebenden Erklärungen, die Verhandlungen bezüglich der Glaubhaftmachung (z. B. Zeugenaussagen, Urkundenvorlegung) und die hierüber ergangenen Entscheidungen des Gerichts[7]).

An die Belehrung der Erschienenen hat sich die Feststellung des geringsten Gebotes und der Versteigerungsbedingungen anzuschließen (vgl. den Vordruck im Formular). In dem geringsten Gebot sind die vorläufig berechneten Kosten sowie die sonstigen bar zu zahlenden Beträge und die bestehen bleibenden Ansprüche einzeln anzugeben. Als Versteigerungsbedingungen gelten nur die, die zu

[4]) Vgl. Jaeckel-Güthe, An. 3 zu § 78 ZVG.
[5]) Jaeckel-Güthe, An. 2 zu § 66 ZVG.
[6]) Jaeckel-Güthe, An. 3, 4 zu § 66 ZVG.
[7]) Jaeckel-Güthe, An. 3 zu § 78 ZVG.

Protokoll festgestellt sind. Der Richter wird geringstes Gebot und Versteigerungsbedingungen dem Urkundsbeamten diktieren. Der Urkundsbeamte hat keine Pflicht, auf eine unrichtige Feststellung des geringsten Gebotes durch den Richter zu achten. Die erfolgten Feststellungen sind zu verlesen. Dies ist im Protokoll zu vermerken (vgl. Vordruck im Formular). Alsdann erfolgt die Erklärung des Gerichts, daß die Ausschließung weiterer Anmeldungen bevorstehe und die sich daran schließende Aufforderung zur Abgabe von Geboten. Die Zeit, wann diese Aufforderung ergeht, muß wegen § 73 Abs. 1 ZVG. nach Stunde und Minute im Protokoll festgestellt sein[8]) (vgl. die Vordrucke im Formular), das Protokoll muß ferner den Hinweis auf die vom Richter erteilte Belehrung der Beteiligten über den Stempel für Abtretung des Meistgebots enthalten[9]). Das Formular ist gegebenenfalls in dieser Hinsicht zu ergänzen. Werden später die Versteigerungsbedingungen abgeändert und infolgedessen die bisher abgegebenen Gebote hinfällig, so bedarf es dann erneut der Feststellung und Verlesung der neuen Bedingungen sowie ferner einer nochmaligen Erklärung, daß die Ausschließung weiterer Anmeldungen bevorstehe. Es bedarf ferner einer nochmaligen Aufforderung zur Abgabe von Geboten, für welche auch die Frist des § 73 ZVG. von neuem zu laufen beginnt[10]). Dasselbe gilt, wenn im Laufe der Verhandlung die anderweitige Festsetzung des geringsten Gebotes nötig ist[11]).

Nunmehr wird die Abgabe der Gebote erfolgen, auf welche der Urkundsbeamte besonders zu achten hat. Das Gebot des Bieters erfolgt nämlich nicht schon durch die Abgabe, sondern erst durch die Entgegennahme seitens des Vollstreckungsgerichts, und diese Entgegennahme geschieht, wenn sie für die Erteilung des Zuschlags in Betracht kommen soll, durch die Aufnahme in das Protokoll[12]). Der Urkundsbeamte hat jedoch zunächst die Weisung des Richters abzuwarten, ehe er das Gebot protokolliert. Der Richter hat nämlich über jedes Gebot sofort zu entscheiden, d. h. er hat es daraufhin zu prüfen, ob ihm, wenn es das Meistgebot bleiben sollte, der Zuschlag erteilt werden könnte. Ist dies nicht der Fall, so ist es als unwirksam zurückzuweisen. Wird der Zurückweisung nicht widersprochen, so braucht das Gebot und die Zurückweisung nicht protokolliert zu werden[13]). Da die Zurückweisung auch ein an sich wirksames Gebot unwirksam macht, wenn ihr nicht sofort vom Bieter oder einem Beteiligten widersprochen wird (72 ZVG.), muß im

[8]) Jaeckel-Güthe, An. 7 zu § 66 ZVG.
[9]) Jaeckel-Güthe, An. 3 zu § 78 ZVG.
[10]) Jaeckel-Güthe, An. 7 zu § 66 ZVG.
[11]) Reinhard, An. 5 zu § 66 ZVG.
[12]) Jaeckel-Güthe, An. 2 zu §§ 71, 72 ZVG.
[13]) So Jaeckel-Güthe, An. 3 zu § 78 ZVG. **Der Ansicht von Jaeckel-Güthe ist aus praktischen Gründen beizustimmen. Man könnte in theoretischer Hinsicht wegen § 160 Nr. 5 ZPO. Bedenken haben.**

Falle des Widerspruchs die Zurückweisung und der Widerspruch sofort protokolliert werden. — Erfolgt nicht eine Zurückweisung des Gebotes, so wird es vom Richter zugelassen. Das geschieht durch Anordnung der Protokollierung des Gebotes. Es hat dann die Aufnahme in das Protokoll zu erfolgen[14]).

Ein Unterangebot erlischt, wenn ein Überangebot ohne Widerspruch zugelassen, also in das Protokoll aufgenommen wird. Widerspricht der Zulassung ein Beteiligter sofort, so erlischt das Unterangebot nicht, und es muß darüber, ob das Überangebot oder das Unterangebot den Zuschlag erhalten soll, vom Richter später entschieden werden. Der Widerspruch gegen die Zulassung muß daher unbedingt sofort protokolliert werden. Es ist zulässig, daß Gebote, die sofort durch ein nichtbeanstandetes Übergebot unwirksam gemacht werden, in das Protokoll nicht aufgenommen werden. Von dieser Möglichkeit wird man dann Gebrauch machen, wenn die Gebote so schnell aufeinanderfolgen, daß nicht alle protokolliert werden können[15]). Da die Gebote nur auf Weisung des Richters zu protokollieren sind, können für den Urkundsbeamten Schwierigkeiten nicht entstehen.

Unter Umständen werden Gebote nur gegen Sicherheit zugelassen (§§ 67—70 ZVG.). Das Versteigerungsprotokoll muß über die Vorgänge betreffend die Sicherheitsleistung, insbesondere über das Sicherheitsleistungsverlangen, über die Leistung der Sicherheit und über Widersprüche Auskunft geben. Im Protokoll ist festzustellen, wer die Sicherheit erlegt und worin sie durch Übergabe an den Richter geleistet wird. Wird der Bieter von seiner Verpflichtung frei (§ 72 ZVG.) z. B. durch Zulassung eines Übergebotes, so ist die Sicherheit zurückzugeben und auch dies im Protokoll zu vermerken. Am Schluß des Versteigerungstermins muß sich also aus dem Protokoll ergeben, welche Sicherheitsleistungen in den Händen des Gerichts verblieben sind[16]). Wird das Verlangen nach Sicherheitsleistung gestellt, so hat das Gericht außer, wenn die Sicherheit sofort geleistet wird, und der Antragsteller sich mit ihrer Höhe und Art einverstanden erklärt hat, sofort zu entscheiden und zwar nicht bloß über die Rechtzeitigkeit, sondern auch nach Maßgabe des § 67 ZVG. über die Zulässigkeit. Diese Entscheidung ist zu protokollieren. Erachtet das Gericht den Antrag für unzulässig, so ist er zurückzuweisen. Dies kann auch in der Weise geschehen, daß der Richter das beanstandete Gebot ohne Sicherheitsleistung zuläßt. Der Hergang ist im Protokoll mit einer kurzen Begründung zu beurkunden. Erhebt der Beteiligte, welcher die Sicherheit verlangt hat, gegen die Zurückweisung seines Antrags nicht sofort Widerspruch, so gilt das Verlangen als

---

[14]) Jaeckel-Güthe, An. 14 zu §§ 71, 72 ZVG.
[15]) Jaeckel-Güthe, An. 3 zu § 78 ZVG.
[16]) Jaeckel-Güthe, An. 15 zu §§ 67—70 ZVG.

zurückgenommen[17]). Der Widerspruch muß sofort protokolliert werden. Wird die Sicherheit nicht oder in unzureichender Weise geleistet, so ist das Gebot zurückzuweisen. Auch dieser Hergang ist mit einer kurzen Begründung im Protokoll zu beurkunden[18]).

Das Protokoll muß ferner die Feststellung enthalten, daß der Aufforderung des Gerichts ungeachtet ein weiteres Gebot nicht abgegeben worden ist (vgl. Vordruck im Formular). Das Protokoll muß ferner enthalten den dreimaligen Aufruf des letzten Gebotes und die Verkündung, daß die Versteigerung geschlossen ist. Der Schluß der Versteigerung ist nach Stunde und Minute anzugeben (vgl. Vordruck im Formular). Der Richter hat den Ersteher wegen des Stempels für den Zuschlagsbeschluß zu belehren. Das Protokoll muß einen Vermerk hierüber enthalten[19]).

Eine Aufforderung des Gerichts, sich über den Zuschlag zu erklären, ist nicht vorgeschrieben, ergeht aber zweckmäßig. Die Erklärungen sind zu Protokoll festzustellen[20]). Auch im Nichtstreitfall ist zu Protokoll festzustellen, welche Beteiligten sich ausdrücklich mit der Erteilung des Zuschlags einverstanden erklärt haben, es ist nicht nur wie bisher in Preußen üblich, zu vermerken, daß kein Widerspruch erhoben ist[21]). Auch ist zutreffendenfalls zu vermerken, daß Erklärungen nicht abgegeben sind.

Die Verkündung der Entscheidung über den Zuschlag oder die Anberaumung des hierzu bestimmten Termins muß ferner aus dem Versteigerungsprotokoll hervorgehen. Das Protokoll muß auch den Vermerk enthalten, daß es den Beteiligten vorgelesen oder vorgelegt, und daß es genehmigt ist, oder welche Einwendungen dagegen erhoben sind. Die Beteiligten, der Meistbietende und diejenigen Bieter, die das Erloschensein ihres Gebotes bestreiten, sind berechtigt, zu verlangen, daß die Verweigerung ihrer Genehmigung des Protokolls und deren Grund festgestellt werden. Das Protokoll muß auch die Unterschrift des Richters und des Protokollführers tragen. Die Beteiligten einschließlich des Meistbietenden brauchen nicht zu unterschreiben, auch nicht, soweit es sich um vertragliche Abmachungen gemäß § 91 ZVG. handelt.

Zu diesem regelmäßigen Inhalt des Protokolls treten unter Umständen Erweiterungen, die durch die besondere Lage des Falls geboten sind, so, wenn abweichende Versteigerungsbedingungen gestellt werden (§ 59 ZVG.), wenn das Ausgebot gegen Zahlungsfristen beantragt wird (§§ 60, 61 ZVG.), wenn mehrere Grundstücke in demselben Verfahren versteigert werden (§§ 63, 64, 76 ZVG.), wenn nach Beginn der Versteigerung Zahlungen an das

[17]) Jaeckel-Güthe, An. 17 zu §§ 67—70 ZVG.
[18]) Jaeckel-Güthe, An. 18 zu §§ 67—70 ZVG.
[19]) Jaeckel-Güthe, An. 2 zu § 73 ZVG.
[20]) Jaeckel-Güthe, An. 7 zu § 74 ZVG.
[21]) Jaeckel-Güthe, An. 7 zu § 74 und An. 3 zu § 78 ZVG.

Gericht geleistet werden (§ 75 ZVG.). Ferner gehören hierher Anträge auf Fortsetzung des Verfahrens als Zwangsverwaltung (§ 77 Abs. 2 ZVG.), auf Anberaumung eines neuen Versteigerungstermins (§ 85 ZVG.). In dem letzteren Falle muß sich der Antragsteller zum Ersatz des Schadens verpflichten. Diese Erklärung muß im Protokoll enthalten sein[22]). Als besonderer Inhalt kommt noch in Frage eine Erklärung über die Abtretung des Meistgebots oder dessen Abgabe für einen andern (§ 81 ZVG.), Vereinbarung über das Bestehenbleiben eines Rechts, welches erlöschen würde[23]) (§ 91).

Auch im besonderen Verkündungstermin ist ein Protokoll aufzunehmen. In Preußen gibt es kein besonderes Formular. Das Protokoll hat die im Verkündungstermine anwesenden Beteiligten aufzuführen und die Verkündung zu ergeben. Eines Verkündungsvermerks auf dem Beschluß bedarf es nicht[24]). Gemäß § 87 Abs. 3 ZVG. müssen bei nachträglichem Vorbringen von Tatsachen und Beweismitteln die im Termin anwesenden Beteiligten gehört werden. Das Protokoll muß einen Vermerk hierüber enthalten.

Verteilungstermin (§ 107 ZVG.).

Für das Protokoll gelten die allgemeinen Regeln der ZPO. Das Zwangsversteigerungsgesetz gibt keine besonderen Vorschriften[25]). In Preußen gibt es kein besonderes Formular. Das Protokoll hat alle für die Verteilung bedeutsamen Vorgänge festzustellen[26]). Für die Richtigkeit der Verteilung hat der Richter, nicht der Urkundsbeamte, welcher nicht Rechnungsverständiger ist, die Verantwortung[27]). Der Verteilungsplan kann in das Terminsprotokoll aufgenommen oder ihm als Anlage beigegeben werden[28]). Soweit ein bloßer Urkundsbeamter als Protokollführer hinzugezogen wird, wird ihm der Verteilungsplan diktiert werden.

Ist eine Hypothek, Grundschuld oder Rentenschuld infolge der Versteigerung erloschen, so ist der Brief unbrauchbar zu machen. Dies geschieht dadurch, daß der Brief, nachdem die mit ihm verbundene, nicht zu vernichtende Schuldurkunde abgetrennt worden ist, mit Einschnitten versehen und der Vermerk über die erste Eintragung durchstrichen wird. Es bedarf eines auf den Brief zu setzenden Vermerks nicht, weder darüber, daß der Anspruch durch Zahlung getilgt, noch daß er ausgefallen, noch daß an den Berechtigten die Forderung gegen den Ersteher übertragen worden ist[29]). Ist das

[22]) Jaeckel-Güthe, An. 5 zu § 85 ZVG.
[23]) Jaeckel-Güthe, An. 3 zu § 78 ZVG.
[24]) Jaeckel-Güthe, An. 2 zu §§ 87, 88 ZVG.
[25]) Jaeckel-Güthe, An. 9 zu § 107 ZVG.
[26]) Reinhard, An. 1 zu § 107 ZVG.
[27]) Jaeckel-Güthe, An. 4 zu § 113 ZVG.
[28]) Reinhard, An. 3 zu § 113 ZVG.
[29]) Jaeckel-Güthe, An. 2 zu § 127 ZVG.

Recht zum Teil erloschen, so soll das Vollstreckungsgericht auf dem Hypotheken-, Grundschuld- oder Rentenschuldbrief vermerken, zu welchem Betrage das Recht erloschen ist. Da das Erlöschen eine Folge des Zuschlags ist, hat sich der Vermerk darüber, ob der erloschene Teilbetrag an den Gläubiger gezahlt, oder ob er ausgefallen, oder ob auf ihn eine Übertragung erfolgt ist, nicht auszusprechen. Er hat lediglich dahin zu lauten: Die Hypothek ist in Höhe eines Teilbetrages von 2000 — Zweitausend Mark infolge Zwangsversteigerung erloschen. Dieser Vermerk ist mit Ort, Datum und Bezeichnung der Behörde zu versehen und von dem Richter, nicht auch von dem Urkundsbeamten zu unterzeichnen. Außerdem ist er mit dem Gerichtssiegel zu versehen, Stempelung genügt nicht. Der Vermerk ist auf den Brief, nicht auf die mit ihm verbundene Schuldurkunde zu setzen[30]).

Auch die vollstreckbaren Titel, z. B. Urteile sind mit einem Tilgungsvermerk zu versehen. Der Vermerk muß ersehen lassen, in welchem Umfang der Betrag durch Zahlung, Hinterlegung oder Übertragung gedeckt worden ist. Eine Tilgung durch Ausfall kommt hier nicht in Frage. Der Vermerk hat etwa zu lauten: „In dem Zwangsversteigerungsverfahren 4. K. 3/28 ist die Hauptforderung mit 300 Mk., die Zinsen vom .... bis .... mit .... Mk. und die Kosten mit .... Mk. durch Zahlung gedeckt worden.“ Für die Unterzeichnung gilt das Vorhingesagte. Jedoch genügt hier der Stempel[31]). Die vorhingenannten Vermerke müssen nach § 127 Abs. 3 ZVG. protokolliert werden. Daß auch die Unbrauchbarmachung der Urkunden durch das Protokoll festzustellen sei, ist nicht vorgeschrieben. In jedem Fall empfiehlt sich, sie als geschehen zu vermerken[32]).

Im Zwangsverwaltungsverfahren kommt nur eine Protokollführung in folgenden Fällen in Frage:

a) Verteilungstermin (§ 156 ZVG.).

Ein besonderes Formular gibt es in Preußen nicht.

Der Termin dient nur zur Aufstellung des Teilungsplans, nicht auch zu dessen Ausführung[33]).

b) Zahlungstermin.

Nur zur Leistung von Zahlungen auf das Kapital einer Hypothek, einer Grund-oder Rentenschuld ist gemäß § 158 ZVG. ein Termin zu bestimmen. Es genügt, wenn der Gläubiger im Termin erklärt, daß die Zahlung an ihn erfolgt sei[34]). Diese Erklärung

---

30) Jaeckel-Güthe, An. 3 zu § 127 ZVG.
31) Jaeckel-Güthe, An. 7 zu § 127 ZVG.
32) Jaeckel-Güthe, An. 8 zu § 127 ZVG.
33) Jaeckel-Güthe, An. 4 zu § 156 ZVG.
34) Jaeckel-Güthe, An. 2 zu § 158 ZVG.

ist zu protokollieren. Der Wortlaut der auf den Brief oder den vollstreckbaren Titel zu setzenden Vermerke ist zu Protokoll festzustellen[35]). Ein besonderes Formular gibt es auch hier in Preußen nicht.

§ 18.

Konkursverfahren und Vergleichsverfahren außerhalb des Konkurses.

I. Konkursverfahren.

Es handelt sich hier um eine gemeinsame Befriedigung einer Anzahl von Gläubigern aus dem Vermögen eines Schuldners, insbesondere eines Kaufmanns. Gemäß § 71 KO. ist als Konkursgericht das Amtsgericht zuständig, bei welchem der Gemeinschuldner seine gewerbliche Niederlassung oder in Ermangelung einer solchen seinen allgemeinen Gerichtsstand hat.

Die Verhandlung vor dem Konkursgericht ist nicht öffentlich[1]). Gemäß § 72 KO. gelten auch die Vorschriften der §§ 159—164 ZPO. für das Protokoll. Es ist üblich und zweckmäßig, die Protokolle über Verhandlungen in Wahl-, Prüfungs-, Schluß- und Vergleichsterminen den Beteiligten vollständig und nicht bloß in den Grenzen des § 162 ZPO. vorzulesen.

Vor dem Prüfungstermin (in diesem werden die angemeldeten Forderungen geprüft, § 141 KO.) findet mindestens eine Gläubigerversammlung statt (§ 110 KO.). In Preußen ist für die erste Gläubigerversammlung Formular KV. Nr. 188 zu verwenden. Es sind zunächst die gewöhnlichen Formalien auszufüllen. Das Konkursverfahren ist näher zu bezeichnen (vgl. Vordruck im Formular). Alsdann sind die Erschienenen: Konkursverwalter, Gemeinschuldner, Gläubiger und deren Bevollmächtigte im Protokoll zu vermerken. Falls Vollmachten überreicht werden, ist dies im Protokoll anzugeben.

In der ersten Gläubigerversammlung ist gemäß § 131 KO. ein Bericht des Konkursverwalters vorgesehen (vgl. Vordruck im Formular). Alsdann werden die Erörterungen über das Stimmrecht erfolgen. In umfangreichen Sachen wird man eine Stimmliste (in Preußen Formular KV. Nr. 189) verwenden. Zu beachten ist aber, daß die Entscheidungen, welche — bei Widerspruch der Beteiligten — über die Bewilligung des Stimmrechtes ergehen, im Protokoll selber zu beurkunden sind.

Die Ausfüllung der Stimmliste ist einfach. Zu erwähnen ist nur folgendes. In der Spalte „Vollmacht" kommt ein „Ja" in die Unterspalte „überreichend", falls die Vollmacht im Termin überreicht wird. Befindet sich aber die Vollmacht schon bei den Akten,

---

[35]) Jaeckel-Güthe, An. 3 zu § 158 ZVG.

[1]) Jaeger, An. 2 zu § 72 KO.

so kommt ein „Ja" in die Unterspalte „bei den Akten". Eventuell kann man auch die Blattzahl der Akten angeben, woselbst sich die Vollmacht befindet. In der nächsten Spalte „Stimmrecht" wird der Betrag der Forderung vermerkt, soweit Stimmrecht gewährt wurde. Falls Stimmrecht überhaupt nicht gewährt wurde, ist dies durch einen Strich kenntlich zu machen. Bei dem Vermerke des Ergebnisses der Abstimmung wird einfach der Forderungsbetrag des Gläubigers, soweit Stimmrecht bewilligt wurde, in die betreffende Spalte eingetragen. Beispiel: Gläubiger Müller mit Stimmrecht in Höhe von 100 Mk. ist für Fortführung des Geschäftes, Gläubiger Schulz mit Stimmrecht in Höhe von 200 Mk. ist für Schließung des Geschäftes. Es wird dann bei der Spalte „Geschäftsfortführung" beim Gläubiger Müller in der Unterspalte „Fortführung" eine 100 und bei Gläubiger Schulz in der Unterspalte „Schließung" eine 200 eingetragen. Die Beträge der einzelnen Spalten werden alsdann addiert. In dem Protokoll selbst ist das Ergebnis der Wahlen und Abstimmungen (§ 80 KO. — Wahl eines anderen Konkursverwalters, § 87 KO., Wahl eines Gläubigerausschusses, § 132 KO. Unterstützung des Schuldners, Schließung des Geschäfts) zu vermerken (vgl. Vordruck im Formular).

Prüfungstermin.

In dem Prüfungstermin werden die angemeldeten Forderungen ihrem Betrage und ihrem Vorrechte nach einzeln erörtert. Der Gemeinschuldner hat sich über die Forderung zu erklären (§ 141 KO.). Über die Prüfungsverhandlung wird ein Protokoll aufgenommen. Ein besonderes Formular gibt es in Preußen nicht. Es ist also ein leeres Blatt zu nehmen. Die Konkurstabelle (in Preußen Formular KB. Nr. 191) bildet einen notwendigen Bestandteil des Protokolls. Das Protokoll selbst gibt den Gang der Verhandlung bloß im allgemeinen an (§ 160 ZPO.) und braucht nur den im § 159 ZPO. bezeichneten Inhalt zu haben. (Ort und Tag der Verhandlung, Zweck des Termins, Namen der Erschienenen usw.)

Die Konkurstabelle selbst enthält schon Eintragungen. Die Anmeldungen der Forderungen erfolgen nämlich außerhalb der Sitzungen. Die Forderungen werden sofort in die Konkurstabelle eingetragen (§ 140 KO.). Die Tabelle ist nun folgendermaßen eingerichtet. Es werden 2 Abteilungen gebildet. Die 1. Abteilung enthält die bevorrechtigten Forderungen (vgl. § 61 KO.). Bei diesen bevorrechtigten Forderungen gibt es nun 5 Klassen, welche mit I—V bezeichnet werden. In der 2. Abteilung werden alle übrigen nicht bevorrechtigten Konkursforderungen eingetragen. Diese Forderungen werden mit einer VI bezeichnet.

Die Forderungen der 1. Abteilung, Klasse I sind in der Konkurstabelle entsprechend dem § 61 KO. folgendermaßen überschrieben:

1. Abteilung

I. Forderungen an Lohn, Kostgeld oder an anderen Dienstbezügen aus dem letzten Jahr vor Eröffnung des Konkurses (vgl. § 61 KO.).

Alsdann folgen die einzelnen Forderungen der Abteilung 1, Klasse I unter fortlaufenden Nummern. — Dasselbe gilt auch für die anderen Rangklassen. Die einzelnen Forderungen werden auch im Protokoll selbst oder in Stimmlisten nach Klasse und Nummer bezeichnet. Forderung VI, 25 bedeutet also: Es handelt sich um die nicht bevorrechtigte Forderung (Klasse VI), welche in Klasse VI unter Nr. 25 eingetragen ist.

In der Konkurstabelle sind im Prüfungstermin die Spalten 1—7 bereits ausgefüllt. Die Forderungen werden nun an Hand der Konkurstabelle der Reihe nach, also zuerst Klasse I usw. geprüft. Das Ergebnis der Prüfung wird in Spalte 8 vermerkt. Eine Forderung gilt als festgestellt, soweit gegen sie im Prüfungstermin ein Widerspruch weder vom Verwalter noch von einem Konkursgläubiger erhoben wird (§ 144 KO.). Der Urkundsbeamte hat nach der Erörterung einer jeden Forderung das Ergebnis in die Konkurstabelle (Spalte 8) einzutragen. Der Vermerk lautet „festgestellt", falls weder vom Verwalter noch von einem Konkursgläubigen Widerspruch erhoben wurde. Im Falle des Widerspruchs lautet der Vermerk z. B. „vom Verwalter bestritten", vom Gläubiger Kaufmann Müller (VI, 2) bestritten", „in Höhe von 500 Mk. festgestellt, im übrigen vom Verwalter bestritten". Die Vermerke können im Falle eines Widerspruchs natürlich, der jeweiligen Sachlage entsprechend, noch anders lauten. Es ist zu beachten, daß der Konkursverwalter und die Konkursgläubiger ihre Einwendungen gegen den Bestand, gegen den Betrag, gegen das Vorrecht und gegen die Konkursforderungseigenschaft richten können. Entsprechend lauten dann die Vermerke. Wie aus den Beispielen schon hervorgeht, muß die Person des Widersprechenden und der Umfang des Widerspruchs vermerkt werden. Dagegen werden die Gründe, aus denen eine Forderung bestritten wird, nicht vermerkt[2]). Eine Besonderheit gilt für sogenannte absonderungsberechtigte Forderungen. (Die Forderung ist durch ein Pfandrecht gesichert.) Der Konkursverwalter kann hier verlangen, daß die Feststellung der Forderung lediglich als Ausfallsforderung erfolgt[3]). Der Vermerk lautet alsdann „festgestellt als Ausfallsforderung". Jeder einzelne Vermerk (also bei jedem Gläubiger) ist vom Urkundsbeamten mit Orts- und Zeitdatum zu versehen und von ihm sowie vom Richter zu unterschreiben[4]).

---

[2]) Jaeger, An. 1 zu § 145 KO.
[3]) Vgl. Mentzel, An. 5 zu § 145 KO.
[4]) Jaeger, An. 1 zu § 145 KO.

Falls Forderungen festgestellt werden, ist auf Wechseln und sonstigen Schuldurkunden vom Urkundsbeamten die Feststellung zu vermerken (§ 145 KO.). Dieser Vermerk ist zu datieren und vom Urkundsbeamten zu unterschreiben.

Falls der Gemeinschuldner einen Widerspruch gegen eine Forderung erhebt, so ist dies in der Spalte Bemerkungen (Spalte 10) zu vermerken[5]). Einer Datierung und Unterschreibung bedarf es in dieser Spalte nicht.

Im Prüfungstermin kommt es nun auch vor, daß Einigungen oder Entscheidungen über das Stimmrecht von Forderungen erfolgen, die vom Verwalter oder einem Konkursgläubiger bestritten werden. Diese Entscheidungen des Konkursgerichts sowie diese Einigungen der Parteien (Anmelder und Widersprechende) sind im Verhandlungsprotokolle zu protokollieren. Außerdem ist die Stimmrechtsbewilligung in der Konkurstabelle in der Bemerkungsspalte (Spalte 10) zu verlautbaren. Es ist auch anzugeben, ob das Stimmrecht ein bleibendes (§ 95 KO.) oder ein vorläufiges (§ 96 KO.) ist[6]).

Das Protokoll wird alsdann nebst den Eintragungen in der Konkurstabelle vorgelesen oder den Beteiligten vorgelegt[7]). Im Protokoll selbst wird alsdann die Vorlesung und Genehmigung vermerkt.

Schlußtermin:

Dieser dient zur Abnahme der Schlußrechnung, zur Erhebung von Einwendungen gegen das Schlußverzeichnis (Schlußverteilungsliste) und zur Beschlußfassung der Gläubiger über die nicht verwertbaren Vermögensstücke (§ 162 KO.). Das Gericht entscheidet auch über die im Schlußtermin erhobenen Einwendungen gegen das Schlußverzeichnis (§ 162 Abs. II KO.). Ein besonderes Formular gibt es in Preußen nicht. Es ist ein leeres Blatt zu nehmen. Es sind die gewöhnlichen Formalien auszufüllen (§ 159 ZPO.). Das Protokoll muß alsdann die Einwendungen gegen das Schlußverzeichnis, die Entscheidungen des Gerichts, sowie die Beschlüsse der Gläubigerversammlung enthalten.

Vergleichstermin (Zwangsvergleich).

Es handelt sich um eine gütliche Einigung des Gemeinschuldners mit seinen Gläubigern.

In Preußen kommt für die Vergleichsverhandlung das Formular KV. Nr. 200 in Frage. Zunächst sind die üblichen Formalien gemäß § 159 ZPO. auszufüllen. Es sind insbesondere die Erschienenen (Konkursverwalter, Gemeinschuldner, Bürgen, Mitglieder des Gläubigerausschusses und die Gläubiger) anzugeben.

---

[5]) Jaeger, An. 1 zu § 145 KO.

[6]) Vgl. Jaeger, An. 1 und 2 zu § 95.

[7]) Vgl. Jaeger, An. 13 zu § 141 KO.

Falls Vollmachten überreicht werden, ist dies zu vermerken. Alsdann erfolgt der Bericht des Konkursverwalters, etwaige Rechnungslegung, Verlesung des Vergleichsvorschlages, Erklärungen des Gemeinschuldners und etwaige Erklärungen vom Bürgen (vgl. Vordruck im Formular). Hierauf erfolgt eine Aussprache der Beteiligten sowie die Abstimmung. Für diese Abstimmung ist in Preußen die Stimmliste Formular KV. Nr. 201 zu benützen. Diese ist Protokollanlage, muß also auch als solche behandelt werden. Diese Stimmliste ist zweckmäßig schon vor dem Termin von dem Urkundsbeamten vorzubereiten. Es sind in die Liste sämtliche nicht bevorrechtigte Gläubiger (also Klasse VI) aus der Konkurstabelle unter fortlaufenden Nummern einzutragen. Jeder Gläubiger ist nur unter einer Nummer in der Spalte 1 aufzuführen. In Spalte 5 sind die stimmberechtigten Forderungen jedes Gläubigers einzeln anzugeben, in Spalte 6 ist die Gesamtsumme der stimmberechtigten Forderungen jedes Gläubigers zu verzeichnen. Zu beachten ist, daß alle festgestellten Forderungen ohne weiteres stimmberechtigt sind; die bestrittenen Forderungen sind stimmberechtigt, soweit ihnen Stimmrecht bewilligt wurde. Eine etwaige Stimmrechtsbewilligung bestrittener Forderungen ersieht der Urkundsbeamte aus der Konkurstabelle, Spalte 10. Soweit Forderungen bestritten sind, und soweit Stimmrecht nicht bewilligt wurde, sind diese Forderungen in die Stimmliste nicht aufzunehmen. Sollte ihnen in dem Vergleichstermin Stimmrecht noch bewilligt werden, so können diese Gläubiger am Schluß der Stimmliste nachgetragen werden. Zu beachten ist aber streng, daß jeder Gläubiger nur eine Nummer (Spalte 1 der Stimmliste) haben darf.

Die Entscheidungen des Gerichts über das Stimmrecht müssen aber wie überhaupt alle Entscheidungen im Protokoll selbst beurkundet werden.

Bei der Abstimmung selbst ist in Spalte 7 und 8 der Stimmliste das Ergebnis zu vermerken, indem die Gesamtsumme der stimmberechtigten Forderungen des betreffenden Gläubigers in der zutreffenden Spalte („für den Zwangsvergleich" — „gegen den Zwangsvergleich") eingetragen wird.

Im Vergleichstermin anwesende oder vertretene Gläubiger, für die gleichwohl eine Stimme nicht abgegeben wird, bleiben keineswegs, wie in anderen Gläubigerversammlungen, unberücksichtigt, sondern gelten als ablehnend[8]). Ihre Stimmen sind also in der Spalte „Es stimmten gegen den Vergleich" zu zählen. Es empfiehlt sich, in der Spalte Bemerkungen auf die Tatsache der Stimmenthaltung hinzuweisen. Nach dem Formular KV. Nr. 201 soll bei Gläubigern, welche sich der Stimme enthalten, dies unter Angabe des Betrages der Gesamtforderung in der Spalte „Be-

[8]) Jaeger, An. 2 zu § 182 KO.

merkungen" ersichtlich gemacht werden. Hiernach soll also das Ergebnis der Abstimmung bei diesen Gläubigern nur in der Spalte „Bemerkungen" vermerkt werden. Auch hiergegen ist nichts einzuwenden, vorausgesetzt, daß die genannten Stimmen auch wirklich als ablehnende gezählt werden.

Gemäß § 183 KO. bleiben gewisse Gläubiger bei der Abstimmung unter Umständen außer Betracht, z. B. der Ehegatte des Gemeinschuldners, wenn er dem Vergleiche zugestimmt hat. Die Stimmabgabe ist alsdann in der Spalte Bemerkungen (Spalte 10) zu vermerken.

Die Summen in den Spalten 7, 8 und 9 werden alsdann addiert. Im Protokoll selbst wird das Schlußergebnis der Abstimmung aufgenommen [9]). An der Stelle des Vordruckes im Formular: „Hiernach stimmten — Gläubiger....." ist die Zahl dieser Gläubiger anzugeben (vgl. § 182 KO.). Im Falle der Nichtannahme des Vergleiches, ist dies ebenfalls im Protokoll zum Ausdruck zu bringen [10]).

Falls der Vergleich bestätigt wird, ist der Beschluß zu protokollieren und seine Verkündung im Protokoll zu vermerken [11]).

Das Protokoll wird in jedem Falle nur durch die Gerichtspersonen unterzeichnet, einer Unterzeichnung durch den Gemeinschuldner, die Gläubiger und die Vergleichsbürgen bedarf es nicht [12]).

II. Vergleichstermin im Vergleichsverfahren außerhalb des Konkursverfahrens.

Zur Abwendung des Konkurses dient das Vergleichsverfahren außerhalb eines Konkursverfahrens. Dieses ist durch das Gesetz über den Vergleich zur Abwendung des Konkurses (Vergleichsordnung) vom 5. Juli 1927 (RGBl. S. 139) geregelt. Zuständig ist das Konkursgericht (Amtsgericht). Die Verhandlung vor dem Vergleichsgericht ist nicht öffentlich [13]).

Für die Protokollführung gelten die Vorschriften der §§ 159 bis 164 ZPO. entsprechend (§ 8 VO.).

Ein besonderes Formular gibt es in Preußen nicht. Wenn auch die Verhandlung sich ähnlich gestaltet wie im Zwangsvergleichsverfahren, wird es sich doch empfehlen, ein leeres Blatt zu nehmen.

Es müssen zunächst die üblichen Formalien erfüllt werden, also insbesondere § 159 ZPO. (Ort, Tag der Verhandlung, Gerichtspersonen, Bezeichnung der Sache z. B. durch die Wendung: „In dem Vergleichsverfahren auf Grund der Vergleichsordnung

---

[9]) Vgl. Jaeger, An. 7 zu § 182 KO.
[10]) Jaeger, An. 2 zu § 184 KO.
[11]) Jaeger, An. 1 zu § 185 KO.
[12]) Jaeger, An. 4 zu § 179 KO.
[13]) Mayer, An. 5 zu § 8 VO.

über das Vermögen des — erschienen nach Aufruf im heutigen Vergleichstermin" —). Es sind im Protokoll ferner die Erschienenen festzustellen.

Vom Vergleichsverfahren werden diejenigen Gläubiger betroffen, welche im Falle der Eröffnung eines Konkursverfahrens nicht bevorrechtigte Konkursgläubiger werden (§ 2 VO.). Es ist also so wie beim Zwangsvergleich. Die an dem Vergleichsverfahren nicht beteiligten Gläubiger (also die bevorrechtigten Gläubiger) können, obwohl sie kein Stimmrecht haben, im Vergleichstermin erscheinen und sind auf ihren Antrag zu hören (§ 59 VO.). Im Protokoll sind daher alle erschienenen Gläubiger aufzuführen.

Es erfolgt alsdann gemäß § 47 VO. ein Bericht der Vertrauensperson. Dies ist im Protokoll zu vermerken. Falls ein beteiligter Gläubiger gemäß § 61 VO. die Leistung des Offenbarungseides vom Schuldner verlangt, ist dieses Verlangen, sowie die Belehrung des Schuldners über die Bedeutung des Eides sowie die Leistung des Eides zu protokollieren.

Alsdann folgen die Erörterungen über das Stimmrecht. Forderungen, gegen welche weder von dem Schuldner, noch von einem am Vergleichsverfahren beteiligten und im Termine erschienenen Gläubiger, noch von der Vertrauensperson Widerspruch erhoben worden ist, gelten als anerkannt und stimmberechtigt (§ 62 VO.). Die einzelnen Forderungen sind zu diesem Zwecke vorzulesen, damit sich die genannten Personen über die Erhebung eines etwaigen Widerspruchs schlüssig machen können. Bei der Vorlesung ist der Name des Gläubigers, der Betrag der Forderung und der Schuldgrund anzugeben[14]). Damit diese Vorlesung erfolgen kann, und damit auch das Ergebnis der Prüfung der Forderungen und der Abstimmung vermerkt werden kann, wird sachgemäß eine Stimmliste aufzustellen sein[15]), welche als Gläubigerverzeichnis und Stimmliste zu bezeichnen ist. Die Stimmliste KV. Nr. 201 wird sich hierbei schlecht verwenden lassen. In der ersten Spalte unserer Stimmliste wird die laufende Nummer des Gläubigers, in der zweiten Spalte der Name des Gläubigers, in der dritten Spalte der Name des etwaigen Bevollmächtigten, in der vierten Spalte der Betrag der Forderung und der Schuldgrund zu vermerken sein. Es sind nur die beteiligten Gläubiger in dem genannten Verzeichnis aufzunehmen. In einer fünften Spalte wird die Anerkennung bzw. die Bestreitung der Forderung zu vermerken sein. Erfolgt kein Widerspruch gegen eine Forderung, so wird in Spalte 5 der Vermerk „anerkannt" einzutragen sein. Bei einem absonderungsberechtigten Gläubiger wird der Vermerk lauten müssen „anerkannt für den Ausfall; bei einer aufschiebend bedingten Forderung wird einzu-

---

[14]) Vgl. Mayer, An. 4, 5 zu § 62 VO.
[15]) Vgl. Mayer, An. 2 zu § 62 VO.

tragen sein „anerkannt als aufschiebend bedingte Forderung"[16]. Im Falle des Widerspruchs werden die Eintragungen genau so lauten müssen, wie wir es im Prüfungstermin beim Konkursverfahren für den Fall des Bestreitens kennen gelernt haben. Die Vermerke in Spalte 5 werden zweckmäßig genau in derselben Weise wie die Eintragungen in Spalte 8 der Konkurstabelle vom Richter und vom Urkundsbeamten zu unterschreiben sein.

Eine sechste Spalte wird die Angaben über die Gewährung des Stimmrechts enthalten müssen. Falls nämlich gegen eine Forderung Widerspruch erhoben wird und eine Einigung über das Stimmrecht nicht gelingt, muß das Gericht über die Gewährung des Stimmrechts entscheiden (§ 59 VO.)[17]. Erfolgt durch Einigung der Parteien oder durch gerichtliche Entscheidung eine Gewährung von Stimmrecht, so ist dies in der genannten sechsten Spalte zu vermerken. Die Einigung der Parteien über das Stimmrecht sowie die gerichtlichen Entscheidungen über das Stimmrecht sind aber außerdem im Protokoll selbst zu beurkunden[18].

Die Stimmliste wird ferner eine 7. Spalte für das Ergebnis der Abstimmung mit 2 Unterspalten „Für den Vergleich" und „Gegen den Vergleich" enthalten müssen sowie eine 8. Spalte Berichtigungen und eine 9. Spalte Bemerkungen. In die Spalte Bemerkungen wird ein nachträglicher Gläubigerwechsel, Anmeldung einer Forderung nur für den Ausfall oder als aufschiebend bedingte Forderung vorzutragen sein[19].

Bevor jedoch die Abstimmung erfolgt, ist gemäß § 59 VO. über den Vergleichsvorschlag zu verhandeln. Das Protokoll muß einen Vermerk darüber enthalten. Falls nicht beteiligte Gläubiger angehört worden sind, ist auch dies zu beurkunden.

Die Protokollierung des Ergebnisses der Abstimmung ist so wie beim Zwangsvergleich. Zu beachten ist aber, daß auch die schriftlichen Zustimmungen zu berücksichtigen sind. Gläubiger, welche erschienen sind und bei der Abstimmung sich der Stimme enthalten und auch nicht schriftlich zugestimmt haben, werden als ablehnende Stimmen gezählt[20]. Die Stimmen sind dann zu zählen, und es ist das Schlußergebnis auch im Protokoll selbst zu vermerken.

Nunmehr erfolgt eine Verhandlung mit dem Schuldner, der Vertrauensperson und dem Gläubigerausschuß, bevor der Bestätigungsbeschluß ergeht (§ 67 VO.). Dies ist im Protokoll zu vermerken. Der Bestätigungsbeschluß ist zu verkünden[21]. Der Beschluß selbst sowie die Tatsache der Verkündung sind zu protokollieren.

---

[16]) Vgl. Mayer, An. 21 zu § 62 VO.
[17]) Vgl. Mayer, An. 8—10 zu § 62 VO.
[18]) Vgl. Mayer, An. 2 zu § 59 VO.
[19]) Vgl. Mayer, An. 2 zu § 62 VO.
[20]) Vgl. Mayer, An. 12 zu § 63 VO.
[21]) Vgl. Mayer, An. 5, 6 zu § 67 VO.

Das Protokoll wird nur vom Richter und vom Urkundsbeamten unterzeichnet. Einer Unterschrift der übrigen Beteiligten, insbesondere der Vergleichsgaranten bedarf es nicht [22]).

§ 19.

Angelegenheiten der freiwilligen Gerichtsbarkeit.

Es handelt sich hier um Angelegenheiten, welche im Reichsgesetz über die Angelegenheiten der freiwilligen Gerichtsbarkeit vom 17. Mai 1898, im Preußischen Gesetz über die freiwillige Gerichtsbarkeit vom 21. September 1899 und in der Grundbuchordnung vom 24. März 1897 geregelt sind. Es sind dies die gerichtlichen Angelegenheiten, welche wir bisher noch nicht kennen gelernt haben, also vor allem Vormundschafts-, Nachlaß-, Grundbuchsachen. Die Mitwirkung eines Urkundsbeamten bei gerichtlichen Verhandlungen ist hier die Ausnahme. Der Richter kann zwar einen Urkundsbeamten in den Angelegenheiten der freiwilligen Gerichtsbarkeit stets zuziehen [1]), insbesondere auch in Grundbuchsachen [2]); praktisch kommt es aber nur in den Fällen vor, in denen die Zuziehung eines Urkundsbeamten ausnahmsweise zwingend vorgeschrieben ist, z. B. in § 169 FGG. (Beurkundung eines Rechtsgeschäftes, falls ein Beteiligter taub, blind oder stumm ist), oder in §§ 2233, 2276 BGB. (Errichtung eines Testamentes oder eines Erbvertrages).

Die Protokolle pflegen in Angelegenheiten der freiwilligen Gerichtsbarkeit in der Regel dem Urkundsbeamten, falls ein solcher zugezogen wird, diktiert zu werden. Wir können uns daher hier kürzer fassen.

Die Verhandlungen in Angelegenheiten der freiwilligen Gerichtsbarkeit sind nicht öffentlich [3]). Soweit es sich nicht um Rechtsgeschäfte (z. B. Verpflichtung eines Vormundes, Pflegers) handelt, gibt es keine besonderen Vorschriften über die Form des Protokolls [4]).

Besondere Vorschriften gibt es nur für Verhandlungen, in denen es sich um Beurkundung von Rechtsgeschäften handelt (§ 167 ff. FGG., §§ 2231—2246, 2276 BGB.). Rechtsgeschäfte sind vor allem die Beurkundungen in Grundbuchsachen und alle Testamentsaufnahmen. Die wesentlichen Formvorschriften für diese Beurkundungen sind folgende: Es ist Ort und Tag der Verhandlung anzugeben. Es sind die Beteiligten (diejenigen, welche Erklärungen abgeben) sowie die mitwirkenden Personen (diejenigen,

---

[22]) Vgl. Mayer, An. 14, 15 zu § 62 VO.

[1]) Vgl. Art. 2 Abs. 2 PrFGG., Schlegelberger, An. 18 zu § 6 FGG.

[2]) Güthe, An. 16 zu § 29 GBO.

[3]) Schlegelberger, An. 31 zu § 8 FGG.

[4]) Vgl. Schlegelberger, An. 35 zu § 12 FGG.

welche die Urkunde aufnehmen oder zur Aufnahme zugezogen werden z. B. Dolmetscher) genau zu protokollieren. Das Protokoll hat eine Angabe darüber zu enthalten, ob die Beteiligten bekannt sind; alsdann ist die Erklärung der Beteiligten aufzunehmen. Das Protokoll muß vorgelesen werden, es muß von den Beteiligten genehmigt werden, die Beteiligten und die mitwirkenden Personen haben das Protokoll zu unterschreiben. Das Protokoll muß auch einen Vermerk über die Vorlesung und Genehmigung enthalten. Dem Richter fällt in erster Linie die Aufgabe zu, die Wortfassung des Protokolls zu bestimmen [5]).

3. Hauptteil.

Protokolle, welche der Urkundsbeamte allein aufnimmt.

§ 20.

Strafprozeß.

Die Erklärungen der Prozeßbeteiligten in Strafsachen müssen entweder schriftlich erfolgen, oder sie können mündlich zu Protokoll des Urkundsbeamten der Geschäftsstelle abgegeben werden. Es besteht die Verpflichtung der Gerichtsbehörden, also des Urkundsbeamten der Geschäftsstelle, die Erklärungen entgegenzunehmen und durch ein Protokoll zu beurkunden, z. B. Erklärungen des Angeklagten, des Zeugen, des Verteidigers [1]). Der Urkundsbeamte muß folgendes beachten: Für die Aufnahme eines Protokolls ist immer der Urkundsbeamte desjenigen Gerichts zuständig, welches mit der Sache befaßt ist. Dies gilt besonders auch für den Fall, daß das Gesetz davon spricht, daß die Erklärungen zu Protokoll des Gerichtsschreibers, d. h. jetzt des Urkundsbeamten der Geschäftsstelle, abgegeben werden können (vgl. §§ 314, 366 StPO.). Es ist also alsdann immer der Urkundsbeamte der Geschäftsstelle desjenigen Gerichts zuständig, welches mit der Sache befaßt ist. Im Falle der Aufnahme des Protokolls durch einen anderen unzuständigen Urkundsbeamten der Geschäftsstelle würde das Protokoll als solches ungültig sein. Dies folgt aus einem Ausnahmefall, den das Gesetz selbst aufstellt. In § 299 StPO. ist nämlich ausnahmsweise bestimmt, daß der nicht auf freiem Fuß befindliche Beschuldigte Erklärungen, welche sich auf Rechtsmittel beziehen, zu Protokoll des Gerichtsschreibers des Gerichts abgeben kann, in dessen Gefängnis er sich befindet.

Wenn also zu einem Urkundsbeamten des Amtsgerichts Beuthen der Kaufmann Müller in Beuthen kommt, um Berufung gegen das

[5]) Schlegelberger, An. 5 zu § 169 FGG.

[1]) Vgl. Löwe, An. 8 und 10 der Vorbemerkungen vor Buch 1, S. 47 ff.

Urteil des Einzelstrafrichters in Gleiwitz einzulegen, wird der Urkundsbeamte die Aufnahme eines Protokolls ablehnen können. Wenn nun aber der genannte Urkundsbeamte die Berufung doch aufnehmen, das Protokoll von dem Kaufmann Müller unterschreiben lassen und dasselbe an das Amtsgericht Gleiwitz senden sollte, wäre die Sache dennoch rechtlich in Ordnung, vorausgesetzt, daß das Protokoll innerhalb der Berufungsfrist beim Amtsgericht Gleiwitz eingeht. Durch die Unterschrift des Erklärenden ist nämlich die Schriftform, also die zweite Form, welche wir neben der Protokollform erwähnten, gewahrt. Die Berufung ist als schriftliche gültig[2]). Der Urkundsbeamte ist aber nicht verpflichtet, eine schriftliche Erklärung einer Person zu verfassen. Da die Protokollform unzulässig war, konnte er in dem genannten Fall seine Mithilfe ablehnen.

Wir wollen nunmehr wiederum von dem alten Fall ausgehen; der Kaufmann Müller will aber jetzt die Wiederaufnahme des Verfahrens, welches durch ein rechtskräftiges Urteil des Einzelstrafrichters in Gleiwitz geschlossen ist, beantragen (§ 359 StPO.). Der Urkundsbeamte in Beuthen nimmt wieder den Antrag auf, er läßt das Protokoll auch unterschreiben. In diesem Falle ist der Wiederaufnahmeantrag nicht nur als Protokoll, sondern auch als schriftliche Erklärung ungültig. Gemäß § 366 Abs. II StPO. ist die einfache Schriftform bei dem Wiederaufnahmeantrage nicht möglich.

Nur ganz ausnahmsweise spricht das Gesetz nicht davon, daß Erklärungen zu Protokoll des Urkundsbeamten abgegeben werden können, sondern vielmehr davon, daß ein Antrag bei einem Gericht angebracht werden kann, z. B. in § 158 StPO. (Anzeigen strafbarer Handlungen oder Anträge auf Strafverfolgung). In solchen Fällen ist der Urkundsbeamte eines beliebigen Amtsgerichts zuständig[3]).

Über das Protokoll des Urkundsbeamten der Geschäftsstelle enthält die StPO. keine Bestimmungen. Es empfiehlt sich die Unterschrift des Erklärenden, die Vorlesung und die Genehmigung des Protokolls[4]). Die Unterschrift des Erklärenden ist deshalb zweckmäßig, damit die Erklärung gegebenenfalls als schriftliche gültig sein kann. Die Nebenklage z. B. muß gemäß § 396 StPO. schriftlich eingelegt werden.

Über mündliche telephonische Erklärungen kann der Urkundsbeamte sowohl im Strafprozeß als überhaupt ein gültiges Protokoll nicht aufnehmen, da er gar nicht in der Lage ist, die Persönlichkeit des Erklärenden festzustellen[5]).

Es ist nicht unbedingt erforderlich, daß derjenige, um dessen Angelegenheit es sich handelt, persönlich bei dem Urkundsbeamten erscheint, er kann auch einen beliebigen Bevollmächtigten senden.

---

[2]) Vgl. Löwe, Note 9 b der Vorbemerkungen vor Buch 1.
[3]) Vgl. Löwe, An. 5 zu § 158 StPO.
[4]) Löwe, An. 10 c der Vorbemerkungen vor Buch 1.
[5]) Löwe, An. 9 d der Vorbemerkungen vor Buch 1.

Die Vollmacht kann nachgebracht werden[6]). Es empfiehlt sich im Protokoll eine Angabe des Grundes, aus welchem der Interessent nicht persönlich erschienen ist, weil das Gericht die Abgabe der Erklärung durch einen Bevollmächtigten, welcher nicht Rechtsanwalt ist, nicht zuzulassen braucht[7]).

Nunmehr wollen wir einige typische Fälle besprechen, in denen der Urkundsbeamte Erklärungen zu Protokoll aufnehmen kann, und wobei er gesetzliche Bestimmungen zu beachten hat. Wir bemerken auch für später, daß wir keine unbedingt vollständige Zusammenstellung solcher Erklärungen zu Protokoll bringen können, da die Schrift sonst zu umfangreich würde. Wir müssen uns mit den wichtigsten Fällen begnügen.

1. Privatklage. §§ 374 ff. StPO.

Die Privatklage ist nur wegen bestimmter Straftaten möglich, insbesondere wegen Beleidigung, Körperverletzung, Hausfriedensbruch (vgl. § 374 StPO.).

Nach der Angabe der Personalien des Privatklägers und des Beschuldigten wird zweckmäßig eine Anklageformel zu bringen sein, so wie sie bei Anklagen der Staatsanwaltschaft üblich ist. Es sind also die gesetzlichen Tatbestandsmerkmale entsprechend dem Wortlaut der Paragraphen des StGB., welche in Frage kommen, anzugeben. Diese gesetzlichen Tatbestandsmerkmale sind aber näher zu ergänzen durch die Umstände, welche sich aus dem einzelnen Fall ergeben, also z. B. bei einer Privatklage wegen Beleidigung durch Angabe von Ort und Zeit der Beleidigung sowie durch Angabe des Wortlautes der Beleidigung. Alsdann sind die in Frage kommenden Paragraphen des Strafgesetzbuches zu nennen (vgl. §§ 381, 200 StPO.). Hierauf ist eine Geschichtserzählung, also eine Darstellung des Sachverhaltes zu bringen. Die Beweismittel sind anzugeben. Zuletzt folgt der Antrag, das Hauptverfahren vor dem Amtsrichter zu eröffnen. Der Klage ist ein Schiedsmannsattest beizufügen (§ 380 StPO.).

2. Rechtsbehelfe.

Gegen Urteile des Amtsrichters (Einzelstrafrichter) und des Schöffengerichts kommt die Berufung in Frage (§ 312 StPO.). Nur wenn es sich um ein Verfahren bei dem Amtsrichter handelt, welches ausschließlich Übertretungen zum Gegenstand hat, ist die Revision das zulässige Rechtsmittel (§ 313 StPO.).

Gegen Urteile der Strafkammer und des Schwurgerichts findet die Revision statt (§ 333 StPO.).

---

[6]) Löwe, An. 11 zu § 138 StPO.

[7]) Vgl. Löwe, An. 6 der Vorbemerkungen vor dem 11. Abschnitt des 1. Buches.

Protokolle, welche die Revision betreffen, gehören in Preußen zur Rate A I der Buko, sind also den Beamten des schwierigen Bürodienstes vorbehalten. Wir wollen daher nur die Berufung erörtern.

Für die Berufung genügt ein Protokoll, worin gesagt wird: „Es erschien der — und erklärte: Gegen das Urteil des — vom — lege ich Berufung ein." — Eine Begründung der Berufung ist nicht erforderlich, aber oft zweckmäßig. — Für die Rücknahme der Berufung oder für den Verzicht auf ein Rechtsmittel genügt eine kurze diesbezügliche Erklärung. Dasselbe gilt für den Einspruch gegen Strafbefehle (§ 409 StPO.) sowie für den Antrag auf gerichtliche Entscheidung über eine polizeiliche Strafverfügung (§ 414 StPO.).

Gegenüber Beschlüssen und Verfügungen kommt als Rechtsbehelf die Beschwerde in Frage (§ 304 ff. StPO.). Besondere Formvorschriften gibt es für die Beschwerde nicht.

Zu erwähnen ist noch der Rechtsbehelf der Wiedereinsetzung in den vorigen Stand. Diese kommt in Frage, wenn die Frist für die Einlegung der Berufung (§ 314 StPO. — 1 Woche), des Einspruchs gegen einen Strafbefehl (§ 409 StPO. — 1 Woche) oder des Antrags auf gerichtliche Entscheidung (§ 413 StPO. — 1 Woche) verstrichen ist, und wenn der Antragsteller durch Naturereignisse oder andere unabwendbare Zufälle an der Einhaltung der Frist verhindert wurde (§ 44 StPO.). Die Wiedereinsetzung in den vorigen Stand ist ferner möglich, wenn der Angeklagte den Termin in der Hauptverhandlung vor dem Berufungsgericht versäumt hat und ein Urteil gegen ihn ergangen ist (§ 329 StPO.), desgleichen, wenn der Privatkläger in der Hauptverhandlung ausgeblieben ist und das Verfahren auf seine Kosten eingestellt wurde (§ 391 StPO.), ferner, wenn der Angeklagte im Termin zur Verhandlung über seinen Einspruch gegen einen Strafbefehl ausgeblieben ist und der Einspruch durch Urteil verworfen wurde (vgl. § 412 StPO.).

Für das Gesuch selbst ist zu beachten, daß die Versäumungsgründe darzulegen und glaubhaft zu machen sind, z. B. durch ärztliche Atteste, Briefe. Ferner ist die versäumte Prozeßhandlung (z. B. Einlegung der Berufung) nachzuholen (§ 45 StPO.).

Ein weiterer Rechtsbehelf ist die Wiederaufnahme eines durch rechtskräftiges Urteil geschlossenen Verfahrens (§§ 359 ff. StPO.). Es sind ganz bestimmte Gründe vorgesehen (§ 359 StPO.). — Falls die Wiederaufnahme auf den Meineid eines Zeugen gegründet wird, ist § 364 StPO. zu beachten. Der Zeuge muß also grundsätzlich wegen dieses Meineides rechtskräftig abgeurteilt worden sein. — Gemäß § 366 StPO. sind in dem Wiederaufnahmegesuch etwaige Beweismittel anzugeben.

§ 21.
Zivilprozeß im engeren Sinne.

Es handelt sich hier um Beurkundungen von Parteierklärungen, die sonst abgesehen von Protokollen des Gerichtsvollziehers, in Schriftsätzen niederzulegen wären, mögen diese dem Gericht einzureichen oder dem Gegner zuzustellen sein. Die Erklärung ist stets vom Anwaltszwange befreit und vor dem Urkundsbeamten desjenigen Gerichts abzugeben, an welches das Gesuch gerichtet wird, bzw. vor dem zu verhandeln ist.

Über die Form der Erklärung zum Protokoll des Urkundsbeamten besteht keine besondere Vorschrift. Es empfiehlt sich die Unterschrift des Erklärenden, die Vorlesung des Protokolls und die Genehmigung. Unzulässig ist die Aufnahme eines Protokolls über die durch Fernsprecher übermittelte Erklärung[1]).

Nunmehr wollen wir die einzelnen Fälle erörtern:

I. Protokolle im landgerichtlichen Verfahren.

Im landgerichtlichen Verfahren (auch beim Oberlandesgericht) herrscht grundsätzlich Anwaltszwang, d. h. alle Erklärungen sind durch Rechtsanwälte einzureichen. Wenn eine Erklärung zu Protokoll des Urkundsbeamten abgegeben werden soll, muß dies ausdrücklich durch das Gesetz zugelassen sein. Dies trifft in folgenden Fällen zu:

1. Armenrechtsgesuch, § 118 ff. ZPO.

Es will eine arme Partei zwecks Verfolgung eines Anspruchs das sogenannte Armenrecht haben, um Befreiung von der Vorschußpflicht hinsichtlich der Gerichtskosten und die Beiordnung eines Anwalts zu erreichen.

Zuständig für die Bewilligung des Armenrechts ist das Gericht, bei welchem der Prozeß zur Zeit der Anbringung des Gesuches in der ersten oder in der höheren Instanz anhängig ist oder anhängig werden soll. Soll ein Prozeß erst anhängig gemacht werden, so sind für die Frage der Zuständigkeit des Gerichts die §§ 12 ff ZPO. zu beachten. Eine Person kann gemäß § 13 ZPO. gewöhnlich dort verklagt werden, wo sie ihren Wohnsitz hat. — Wird das Armenrecht nur für die Zwangsvollstreckung beantragt, so ist das Prozeßgericht erster Instanz, nicht das Vollstreckungsgericht zuständig, weil sonst unter Umständen eine mehrfache Bewilligung des Armenrechts nötig wäre[2]).

In allen Fällen wird der Urkundsbeamte den Gesuchsteller auf etwaige Bedenken gegen die Zuständigkeit des angegangenen Gerichts aufmerksam machen müssen. Falls der Gesuchsteller jedoch auf Aufnahme seines Gesuches zu Protokoll besteht, ist diesem Verlangen nachzukommen, zumal die Zuständigkeitsfrage oft zweifelhaft ist.

---

[1]) Stein, An. I C zu § 159 ZPO.
[2]) Stein, An. I zu § 118 ZPO.

In dem Gesuch ist das Streitverhältnis eingehend darzulegen. Die Beweismittel sind anzugeben. Dem Armenrechtsgesuch ist ein Armutszeugnis beizufügen, falls das Gesetz nicht eine Ausnahme zuläßt (§ 118 ZPO.).

2. Anzeigen und Gesuche der Zeugen gemäß §§ 381, 386, 389 ZPO.

Es handelt sich im wesentlichen um Entschuldigungen von Zeugen bei Ordnungsstrafen und um Anzeigen betreffend die Verweigerung des Zeugnisses.

Bei Ordnungsstrafen z. B. wegen Ausbleibens im Termin ist die Sache einfach. Eine Glaubhaftmachung der Entschuldigungsgründe gemäß § 294 ZPO. ist nicht vorgeschrieben. Es genügt Angabe der etwaigen Beweismittel.

In allen Fällen der Zeugnisverweigerung hat der Zeuge die Tatsachen anzugeben, auf die sich die Weigerung stützt, und das Gericht hat nur über diese Tatsachen zu entscheiden. Die Angaben müssen soweit ins Einzelne gehen, daß dem Richter ein Urteil über den Weigerungsgrund, z. B. das Geschäftsgeheimnis möglich ist. Die vorgetragenen Tatsachen sind ferner nach § 294 ZPO. glaubhaft zu machen, soweit sie nicht schon aus den Umständen, insbesondere aus dem Inhalt der gestellten Frage ohne weiteres glaubhaft sind, wie z. B. die Frage nach dem Ehebruch. Der Zeuge kann zum Zwecke der Glaubhaftmachung die Wahrheit der von ihm zur Begründung seines Zeugnisverweigerungsrechts vorgetragenen Tatsachen an Eides Statt versichern[3]).

Der Urkundsbeamte hat nach § 386 Abs. 4 ZPO. eine Benachrichtigungspflicht.

Entsprechendes wie für den Zeugen gilt für den Sachverständigen (§§ 402, 408, 409 ZPO.).

3. Ablehnungsgesuch einer Partei betreffend einen Sachverständigen gemäß § 406 ZPO.

§ 406 ZPO. gilt nicht für Sachverständige bei der Beweissicherung (§§ 486 ff. ZPO.), also im übrigen.

Die Ablehnung kann sowohl auf die Ausschließungsgründe des § 41 ZPO. (z. B. der Sachverständige ist der Ehemann einer Partei) als auch auf die Besorgnis der Befangenheit (§ 42 ZPO.), d. h. darauf gestützt werden, daß vom Standpunkt der ablehnenden Partei aus vernünftige und objektive Gründe für eine bewußte oder unbewußte Voreingenommenheit bestehen. Daß der Sachverständige ein eigenes Interesse an der Sache hat, oder mit einer Partei oder ihrem Anwalt in Feindschaft lebt oder im Dienste einer Partei steht, macht ihn verdächtig, ebenso die Eigenschaft als kaufmännischer Konkurrent in einem besonderen Handels- oder Fabrikationszweige,

[3]) Stein, An. I zu § 386 ZPO.

nicht aber der Umstand, daß schon Gegengutachten vorliegen oder der Mangel an Sachkunde[4]).

Der Zeitpunkt der Ablehnung ist in § 406 ZPO. geregelt. (Also: Ablehnung grundsätzlich vor der Vernehmung.) Eine nachträgliche Ablehnung ist nur zulässig, wenn glaubhaft gemacht wird (§ 294 ZPO.), daß der Ablehnungsgrund nicht früher geltend gemacht werden konnte, d. h. daß er erst später entstanden oder der Partei bekannt geworden ist.

Das Ablehnungsgesuch ist beim Prozeßgericht anzubringen, auch wenn die Vernehmung durch einen beauftragten oder ersuchten Richter erfolgt. Nur bei der Ernennung des Sachverständigen durch den beauftragten oder ersuchten Richter geht das Gesuch an diese und zwar auch im Falle der nachträglichen Ablehnung.

Der Ablehnungsgrund ist gemäß § 294 ZPO. glaubhaft zu machen; jedoch ist die Versicherung an Eides Statt ausgeschlossen und der Antrag auf Vernehmung des Sachverständigen genügt nicht[5])

4. Antrag der schwurpflichtigen Partei auf nachträgliche Abnahme des Parteieides gemäß § 466 ZPO.

Dieser Antrag bedarf keiner Begründung etwa durch mangelndes Verschulden an der Versäumung[6]). Der Antrag auf Abnahme des Eides ist, wenn der Schwurtermin vor dem Prozeßgericht stattfand, an dieses zu richten. Falls jedoch der Eid gemäß § 479 ZPO. durch einen beauftragten oder einen ersuchten Richter abgenommen werden sollte, kann der Antrag an den ersuchten oder beauftragten Richter oder an das Prozeßgericht gerichtet werden[7]).

Gegen den Ablauf der Notfrist von einer Woche, binnen welcher der Antrag zulässig ist, findet, wie aus § 236 ZPO. hervorgeht, die Wiedereinsetzung in den vorigen Stand statt, wenn Naturereignisse oder andere unabwendbare Zufälle die Innehaltung der Frist verhindert haben. Falls Wiedereinsetzung beantragt wird, ist gemäß § 236 Abs. II ZPO. nur das Prozeßgericht, nicht der beauftragte oder ersuchte Richter für diesen Antrag zuständig[8]).

5. Gesuch um Sicherung des Beweises gemäß § 486 ZPO.

Eine Beweissicherung findet z. B. statt, wenn mit dem baldigen Ableben eines Zeugen zu rechnen ist.

Um das Gesuch bei dem Prozeßgericht bzw. bei dem Rechtsmittelgericht zu erheben, bedarf es nötigenfalls des Nachweises der bereits erfolgten Zustellung der Klage oder der gleichzeitigen

---

[4]) Stein, An. I zu § 406 ZPO.
[5]) Vgl. Stein, An. III zu § 406 ZPO.
[6]) Stein, An. I zu § 466 ZPO.
[7]) Stein, An. I, 2 zu § 466 ZPO.
[8]) Stein, An. II zu § 466 ZPO.

Einreichung des Rechtsmittels[9]). Ist der Prozeß noch nicht anhängig, so muß das Gesuch bei dem Amtsgericht angebracht werden (§ 486 Abs. III ZPO.).

Über den Inhalt des Gesuches handelt § 487 ZPO. Einer Darlegung, daß die Tatsachen, über die die Beweisaufnahme erfolgen soll, für den künftigen oder bereits anhängigen Rechtsstreit erheblich sind, bedarf es nicht[10]).

Der Beweissicherungsantrag ist vor allem zulässig, wenn der Gegner zustimmt oder wenn die Besorgnis des Verlustes des Beweismittels gegeben ist (vgl. im übrigen §§ 485, 487 ZPO.). — Die etwaige Zustimmung des Gegners muß, wenn nicht ein gemeinsamer Antrag gestellt ist, mit dem Gesuch glaubhaft gemacht werden[11]). — Die Gründe der Besorgnis des Verlustes des Beweismittels können sowohl sachlicher wie persönlicher Natur sein. Als Beispiele können gelten: gefährliche Erkrankung, hohes Alter eines Zeugen, Antritt einer größeren Reise, drohende Veränderung des Zustandes des Augenscheinsobjektes[12]).

Falls der Gegner des Beweisführers unbekannt ist, ist § 494 ZPO. zu beachten.

6. Arrestgesuch gemäß §§ 916 ff. ZPO.

Es handelt sich hier um die Durchsetzung von vermögensrechtlichen Ansprüchen in einem beschleunigten Verfahren.

Die Zuständigkeit des Landgerichts kommt gemäß § 943 ZPO. nur in Frage, wenn das Landgericht für den zu sichernden Anspruch als Gericht der Hauptsache anzusehen ist. Es muß also wegen des zu sichernden Anspruchs schon ein Prozeß beim Landgericht schweben, oder der ordentliche Prozeß müßte bei dem Landgericht anhängig zu machen sein. Für die Verpflichtung des Urkundsbeamten, den Gesuchsteller auf die etwaige Unzuständigkeit des angegangenen Gerichts hinzuweisen, gelten dieselben Ausführungen wie beim Armenrechtsgesuch.

Der Inhalt des Gesuches ist in § 920 ZPO. geregelt. Es ist also zunächst eine Bezeichnung des Anspruchs erforderlich. Das tatsächliche Verhältnis, aus welchem der Anspruch herrührt, ist zu schildern. Auch der Geldbetrag des Anspruchs ist anzugeben. Es bedarf dann ferner einer Darlegung des Arrestgrundes. Der Arrestgrund ist in §§ 917, 918 ZPO. geregelt. Es muß also zu besorgen sein, daß ohne die Verhängung des Arrests der Antragsteller um die Befriedigung seines Anspruchs kommt, z. B. weil der Antragsgegner (Schuldner) sein Geschäft verkauft hat und in das Ausland will.

---

[9]) Stein, An. I, 2 zu § 486 ZPO.
[10]) Stein, An zu § 487 ZPO
[11]) Stein, An. III, 2 zu § 485 ZPO.
[12]) Stein, An. IV zu § 485 ZPO.

Die Tatsachen, aus denen sich der Anspruch oder der Arrestgrund ergeben sollen, sind glaubhaft zu machen (§ 294 ZPO.). Zur Glaubhaftmachung des Anspruchs kann insbesondere auf die dem Gericht vorliegenden Prozeßakten verwiesen, und ein Urteil, welches den Anspruch feststellt, auch dann benützt werden, wenn es durch Rechtsmittel angefochten ist. Auch die Tatsachen, welche die Prozeßvoraussetzungen, insbesondere die Zuständigkeit des angegangenen Gerichts begründen, sind nach Maßgabe des § 294 ZPO. glaubhaft zu machen. Die etwaige Vollmacht ist, da sie von Amts wegen zu prüfen ist, nach § 80 ZPO. nachzuweisen[13]).

Falls persönlicher Sicherheitsarrest (Verhaftung des Schuldners) begehrt wird, ist zum Ausdruck zu bringen, daß der Arrest gegen die Person des Schuldners angeordnet werden soll (§ 918 ZPO.). — Für den dinglichen Arrest (§ 917 ZPO.), welcher die Regel bildet, genügt stets der Antrag auf Anordnung des Arrestes in das Vermögen des Schuldners[14]).

Mit Rücksicht auf § 930 ZPO. kann der Antrag auf Pfändung von Forderungen und anderen Rechten bereits in das Arrestgesuch aufgenommen werden. Diese Forderungen und Rechte sind alsdann genau zu bezeichnen durch Angabe des Betrages, des Schuldgrundes und des Drittschuldners.

7. Gesuch um Erlaß einer einstweiligen Verfügung gemäß §§ 935 ff. ZPO.

Die Sicherung von Geldforderungen ist grundsätzlich Sache des Arrestes. Eine einstweilige Verfügung dient regelmäßig zur Sicherung von Ansprüchen, welche auf Leistung bestimmter Gegenstände z. B. auf Lieferung eines Anzugs gerichtet sind[15]) (§ 935 ZPO.). Die Gefahr, welche gemäß § 935 ZPO. für den Erlaß einer einstweiligen Verfügung erforderlich ist, liegt nicht wie bei dem Arrest in der möglichen Veränderung der Vermögensverhältnisse des Schuldners, sondern in der möglichen Veränderung des individuellen Streitgegenstandes, z. B. in der Drohung der Zerstörung oder Entziehung der Sache[16]). (Beispiel: Der Schneider will meinen Anzug anderweitig verkaufen.)

Das Gesuch muß das Verlangen nach der einstweiligen Verfügung klar aussprechen, im übrigen bestimmen sich Zuständigkeit des Gerichts, Form und Inhalt des Gesuchs nach § 920 ZPO., also ebenso wie beim Arrest. Die Angabe des Geldwertes ist nur unter dem Gesichtspunkt der Gebührenberechnung vorgeschrieben[17]).

Neben den einstweiligen Verfügungen in bezug auf den Streitgegenstand (§ 935 ZPO.) stehen diejenigen, welche gemäß § 940

[13]) Stein, An. II zu § 920 ZPO.
[14]) Stein, An III zu § 920 ZPO.
[15]) Stein, An. II zu § 935 ZPO.
[16]) Stein, An. III zu § 935 ZPO.
[17]) Stein. An. II, 2 zu § 936 ZPO.

ZPO. zur Regelung eines einstweiligen Zustandes in Beziehung auf ein streitiges Rechtsverhältnis bestimmt sind[18]). Es handelt sich hier um Schuldverhältnisse aller Art, die nicht auf einmalige Leistung gehen[19]). Die einstweiligen Verfügungen gemäß § 940 ZPO. regeln gewöhnlich Unterhaltsverbindlichkeiten.

Hiermit hätten wir die wichtigsten Fälle der Zulässigkeit einer Erklärung zu Protokoll des Urkundsbeamten der Geschäftsstelle beim Landgericht erörtert. Es genügt, wenn die anderen Fälle, in welchen Erklärungen zu Protokoll des Urkundsbeamten beim Landgericht erfolgen können, genannt werden:

a) § 44 ZPO., Ablehnungsgesuche gegen einen Richter,
b) §§ 109, 715 ZPO. Anordnung der Rückgabe einer Prozeßsicherheit,
c) § 248 ZPO., Aussetzungsgesuch,
d) § 569 ZPO., Entgegennahme von Beschwerden in gewissen Fällen.

II. Protokolle im amtsgerichtlichen Verfahren mit Ausnahme der Zwangsvollstreckung.

Im amtsgerichtlichen Verfahren und zwar in jedem Verfahren und auch im Verfahren vor dem Arbeitsgericht können gemäß § 496 Abs. II ZPO. alle Anträge und Erklärungen[20]) einer Partei zu Protokoll des Urkundsbeamten der Geschäftsstelle erklärt werden.

Es ist zu beachten, daß die bisher erörterten Anträge und Erklärungen, welche beim Landgericht zu Protokoll des Urkundsbeamten erklärt werden können, natürlich auch beim Amtsgericht zu Protokoll des Urkundsbeamten abgegeben werden können. Es sind aber nunmehr für das amtsgerichtliche Verfahren noch folgende weitere Fälle zu erörtern und zwar die wichtigsten:

1. Güteantrag.

Wir haben bereits erwähnt, daß beim Amtsgericht grundsätzlich jeder Klage ein Güteverfahren vorausgehen muß. Der Güteantrag bezweckt die Einleitung eines solchen Güteverfahrens (§ 495 a ZPO.). Der Urkundsbeamte darf nicht die Aufnahme des Güteantrages (dasselbe gilt für Klagen und Mahngesuche) wegen Unzuständigkeit des Gerichts ablehnen, weil die Wirkung nach § 496 Abs. III ZPO. (Wahrung der Fristen) dadurch vereitelt würde[21]).

Die Erfordernisse des Güteantrags sind in § 499 a ZPO. geregelt. Der Güteantrag muß den Antragssteller und den Antragsgegner sowie das angerufene Gericht bezeichnen. In dem Antrage sind ferner ähnlich wie in der Klage der Anspruch und die Tat-

[18]) Vgl. Stein, An. I zu § 940 ZPO.
[19]) Stein, An. II zu § 940 ZPO.
[20]) Vgl. Stein, An. VII zu § 496 ZPO. (Auch Erklärungen die an das Gericht oder den Urkundsbeamten gerichtet sind.)
[21]) Stein, An. VII zu § 496 ZPO.

sachen, auf die er gestützt wird, anzugeben. Es ist sachgemäß, daß das Protokoll einen ganz bestimmt formulierten Antrag enthält, so wie dies für Klagen gemäß § 253 Nr. 2 ZPO. vorgeschrieben ist. (Beispiel: Es wird beantragt: der Antragsgegner wird verurteilt, an den Antragsteller 100 Mk. nebst 4% Zinsen ab 1. Aug. 1928 zu zahlen und die Kosten des Rechtsstreits zu tragen.") Dieser bestimmt formulierte Antrag empfiehlt sich mit Rücksicht auf eine etwaige spätere Erwirkung eines Versäumnisurteils.

Außer diesem obligatorischen Inhalt soll der Güteantrag die Beweismittel bezeichnen, die Gründe des Bestreitens des Gegners mitteilen sowie die etwaigen Urkunden beifügen[22]).

2. Klage.

Die Vorschriften über die Form der Klage finden sich in den §§ 500 a, 498, 253, 130 ff. ZPO.

Es sind also zunächst die Parteien genau zu bezeichnen (Name, Stand oder Gewerbe, Wohnort, Parteistellung). Es ist alsdann der Gegenstand und der Grund des Anspruchs anzugeben. Unter dem Grund des erhobenen Anspruchs sind diejenigen Tatsachen zu verstehen, die nach der Ansicht des Klägers geeignet sein sollen, seinen Antrag rechtlich zu begründen. Welche Tatsachen geeignet sind, bestimmt sich nach materiellem Recht, also z. B. nach BGB.[23]). Der Urkundsbeamte wird aber auch ohne eingehende Kenntnis dieses materiellen Rechts in der Lage sein, eine Begründung der Klage zu fertigen. Er muß eben eine geordnete Zusammenfassung der Tatsachen bringen, welche nach Ansicht des Klägers geeignet sein sollen, seinen Antrag zu rechtfertigen. Die Angabe der gesetzlichen Bestimmungen in der Klage ist nicht notwendig; dagegen ist ein bestimmter Antrag unbedingt erforderlich. Ein Beispiel für einen solchen bestimmten Antrag haben wir schon bei dem Güteantrage kennen gelernt. Es empfiehlt sich die gewünschte Urteilsformel wörtlich in den Antrag aufzunehmen. — Das Protokoll selbst hat nicht eine Ladung des Beklagten vor das Gericht zu enthalten (vgl. § 498 Abs. II ZPO.).

Eine sofortige Klageerhebung ist die Ausnahme. Gemäß § 500 a ZPO. muß in der Klage (also im Protokoll) dargelegt werden, daß ein Ausnahmefall vorliegt. Der Gesuchsteller wird sich gewöhnlich auf § 495 a Nr. 6 ZPO. (alsbaldige Klageerhebung ist durch einen wichtigen Grund gerechtfertigt) berufen. Hier wird es aber einer Glaubhaftmachung dieses wichtigen Grundes gemäß § 294 ZPO. bedürfen. Etwaige Urkunden sind der Klage beizufügen. Im Protokoll ist auf diese Urkunden zu verweisen.

Es gibt nicht nur Klagen, welche auf Verurteilung zur Zahlung gerichtet sind, sondern es gibt auch sogenannte Feststellungs-

---

[22]) Stein, An. III zu § 499 a ZPO.
[23]) Stein, An. III, 3 zu § 253 ZPO.

klagen (§ 256 ZPO.). Bei den letzteren wird eine Feststellung, z. B. der Gültigkeit eines Vertrages begehrt. Es gibt dann auch Klagen, welche auf Vornahme einer Handlung z. B. auf Ausführung eines Baues oder auf Abgabe einer Willenserklärung gerichtet sind. Es gibt auch Klagen in besonderen Verfahrensarten, z. B. im Urkundenprozeß (§§ 592 ff. ZPO.) oder im Wechselprozeß (§§ 602 ff. ZPO.).

3. Gesuch um Erlaß eines Zahlungsbefehls (§§ 688 ff. ZPO.).

Das Mahnverfahren (Zahlungsbefehlsverfahren) hat Ähnlichkeiten mit dem Strafbefehlsverfahren im Strafprozeß. Es ergeht ohne Verhandlung eine Entscheidung (Zahlungsbefehl). Falls dagegen nicht Widerspruch erhoben wird, ergeht wiederum ohne mündliche Verhandlung ein Vollstreckungsbefehl. Der letztere wird rechtskräftig, wenn nicht rechtzeitig Einspruch erhoben wird.

Falls das Gesuch um Erlassung des Zahlungsbefehls beim Urkundsbeamten mündlich angebracht wird, braucht ein Protokoll nicht aufgenommen zu werden (§ 702 ZPO.). Dies erklärt sich aus der Einrichtung der Mahnregister. Nur für zweifelhafte Fälle ist durch § 24 der Preußischen Geschäftsordnung für die Geschäftsstellen der Amtsgerichte angeordnet, daß ein Protokoll aufgenommen werden soll. Der Inhalt des Gesuches ist in § 690 ZPO. geregelt. Da jedoch die Aufnahme eines Protokolls praktisch so gut wie gar nicht vorkommt, wollen wir uns weitere Ausführungen sparen.

Gemäß § 702 ZPO. bedarf es auch für den Widerspruch gegen den Zahlungsbefehl und für das Gesuch um Erlassung des Vollstreckungsbefehls nicht der Aufnahme eines Protokolls. Es erfolgen die entsprechenden Vermerke im Mahnregister. Außerdem sind auch entsprechende Registraturvermerke in die Akten selbst aufzunehmen.

Falls jedoch der Schuldner gegen den Zahlungsbefehl keinen Widerspruch erhoben hat und ein Vollstreckungsbefehl ergangen ist, muß der Einspruch gegen den Vollstreckungsbefehl (vgl. § 700 ZPO.) zu Protokoll genommen werden. Es sind dann die Vorschriften des § 340 ZPO. zu beachten. Der wesentliche Inhalt der Einspruchsschrift besteht in der genauen Bezeichnung des Vollstreckungsbefehls und in der Erklärung, Einspruch einzulegen[24]). Bemerkt wird, daß auch gegenüber Versäumnisurteilen der Einspruch in Frage kommt. Es gelten dann die vorhin gemachten Ausführungen für das Protokoll des Urkundsbeamten.

4. Beteiligung dritter Personen an einem Prozesse.

Es kommt hier die Nebenintervention (§§ 66 ff. ZPO.) und die Streitverkündung (§ 72 ff. ZPO.) in Frage.

---

[24]) Stein, An. II und III zu § 340 ZPO.

Es können auch dritte Personen unter Umständen sich an einem Prozesse beteiligen. Ein Dritter kann z. B. ein Interesse daran haben, daß eine Partei den Prozeß gewinnt.

Beispiel: Müller hat dem Schulz Anzugsstoff verkauft; Schulz hat den Stoff dem Meier weiterverkauft. Meier klagt gegen Schulz auf Rücknahme des Stoffes, weil der Stoff nichts tauge. — Müller kann dem Schulz als Nebenintervenient zur Unterstützung beitreten.

Der Inhalt des Protokolls betreffend die Nebenintervention ist in § 70 ZPO. geregelt.

In dem genannten Beispiel kann Schulz, um den Beitritt des Müller als Nebenintervenient zu veranlassen, dem Müller den Streit verkünden.

Der Inhalt des Protokolls betreffend die Streitverkündung ist in § 73 ZPO. geregelt. Das Protokoll muß die Parteien angeben, sowie ferner eine Erklärung der Streitverkündung, den Grund derselben, sowie Angaben über die Lage des Rechtsstreits enthalten. In letzterer Hinsicht ist erforderlich, daß die Zeit des nächsten Verhandlungstermins angegeben wird.

5. Wiedereinsetzung in den vorigen Stand (§§ 233 ff. ZPO.).

Häufig kommt es vor, daß die Parteien sogenannte Notfristen verstreichen lassen. Notfristen sind die vom Gesetzgeber ausdrücklich so genannten Fristen, z. B. die Einspruchsfrist gegen ein Versäumnisurteil (beim Amtsgericht 1 Woche, §§ 339, 508 ZPO.), ferner die Frist, innerhalb welcher die nachträgliche Abnahme des Parteieides verlangt werden kann (1 Woche, § 466 ZPO.), ferner die Frist für die sofortige Beschwerde (2 Wochen, § 577 ZPO.).

Falls eine Partei durch Naturereignisse oder andere unabwendbare Zufälle an der Einhaltung der Notfrist verhindert wurde, kann sie Wiedereinsetzung in den vorigen Stand beantragen. Für den Begriff dieses unabwendbaren Zufalls ist erforderlich, daß auch das äußerste nach Lage des einzelnen Falles vernünftigerweise zu erwartende Maß von Vorsicht nicht imstande gewesen wäre, die Einhaltung der Frist zu ermöglichen[25]). Daß eine Partei ohne ihr Verschulden oder das ihres Vertreters von einer an sie erfolgten Zustellung keine Kenntnis erlangt hat, genügt abweichend von § 44 StPO. nicht zur Wiedereinsetzung. Die Unkenntnis muß vielmehr auf einem unabwendbaren Zufall beruhen. Diesen Grundsatz durchbricht § 233 Abs. 2 ZPO. für den Fall der Versäumung der Einspruchsfrist. Hier ist die Wiedereinsetzung auch dann zu gewähren, wenn die Partei ohne ihr Verschulden von der Zustellung keine Kenntnis erlangt hat, wobei nach § 232 Abs. 2 ZPO. ein Verschulden des Vertreters dem der Partei gleichsteht[26]).

[25]) Stein, An. II zu § 233 ZPO.
[26]) Stein, An. III zu § 233 ZPO.

Die Form des Wiedereinsetzungsantrages ist in § 236 ZPO. geregelt. Der Antrag auf Wiedereinsetzung braucht nicht ausdrücklich gestellt zu werden. Es genügt die Vornahme der versäumten Prozeßhandlung unter Hinweis auf den Grund der Verspätung[27]). Es bedarf ferner der Angabe der die Wiedereinsetzung begründenden Tatsachen. Diese sind noch nicht glaubhaft zu machen, es bedarf nur der Angabe der Mittel der Glaubhaftmachung, z. B. des Erbietens zur Vorlegung von Urkunden.

§ 22.

Die Zwangsvollstreckung
(Zivilprozeß im weiteren Sinne).

Gemäß § 764 ZPO. ist grundsätzlich das Amtsgericht das Vollstreckungsgericht.

1. Zwangsvollstreckung in das bewegliche Vermögen.

Die Zwangsvollstreckung in das bewegliche Vermögen (Kleidungsstücke, Möbel) erfolgt gemäß § 803 ZPO. durch Pfändung seitens des Gerichtsvollziehers. Hier kommen Protokolle des Gerichtsvollziehers (über die Form vgl. § 762 ZPO.), nicht aber solche des Urkundsbeamten in Frage.

2. Pfändung von Forderungen (§§ 828 ff. ZPO.).

Die Pfändung von Forderungen erfolgt durch das Amtsgericht (§ 828 ZPO.). Das Pfändungsgesuch kann wie jedes andere Gesuch beim Amtsgericht zu Protokoll des Urkundsbeamten erklärt werden. Es müssen im Protokoll die Parteien (Gläubiger, Schuldner) genau bezeichnet werden. Dasselbe gilt von der Forderung des Schuldners gegen den Drittschuldner, welche gepfändet werden soll. Betrag der Forderung, Schuldgrund, genaue Personalien des Drittschuldners sind anzugeben. Dem Protokoll ist der Vollstreckungstitel (z. B. Urteil, gerichtlicher Vergleich) nebst Zustellungsurkunde beizufügen[1]) (vgl. § 750 ZPO.). Im Protokoll ist auf diese Urkunden zu verweisen. Auch die Vorschriften der §§ 751, 752, 765 ZPO. (z. B. Nachweis der Sicherheitsleistung durch den Gläubiger) sind zu beachten. Es ist nicht notwendig, daß die zu pfändende Forderung bereits fällig ist, auch betagte und bedingte Forderungen können gepfändet werden[2]). Es ist aber zu beachten, daß Forderungen unpfändbar sein können (§§ 850, 851, 865 ZPO.). Es sind also insbesondere bei Lohn- und Gehaltsforderungen die Pfändungsbeschränkungen zu berücksichtigen. Es ist nichts dagegen einzuwenden, wenn im Pfändungsgesuche gesagt wird, die Forderung solle, soweit dies gesetzlich zulässig sei, gepfändet werden.

---

[27]) Stein, An. III zu § 236 ZPO.
[1]) Stein, An. II, 1 zu § 829 ZPO.
[2]) Stein, An. I, 1 zu § 829 ZPO.

Mit der Pfändung der Forderung wird zweckmäßig gleichzeitig die Überweisung der Forderung gemäß § 835 ZPO. beantragt werden. Die Überweisung zur Einziehung ist die Regel. Diese ist daher auch regelmäßig zu beantragen.

3. Zwangsvollstreckung zur Erwirkung von Handlungen, Duldungen und Unterlassungen.

Oft lautet der vollstreckbare Schuldtitel gegen den Schuldner auf die Vornahme einer Handlung oder auf Duldung einer Handlung oder auf Unterlassung. Es kommen alsdann die Vorschriften der §§ 887, 888, 890 ZPO. zur Anwendung. Zu beachten ist, daß das Prozeßgericht erster Instanz hier ausnahmsweise Vollstreckungsgericht ist. Eine Erklärung zu Protokoll des Urkundsbeamten der Geschäftsstelle ist daher nur zulässig, wenn das Amtsgericht Prozeßgericht erster Instanz war.

Es sind Handlungen zu unterscheiden, deren Vornahme durch einen Dritten erfolgen kann, z. B. Ausführung von Bauten, Vornahme von Reparaturen. Es kommt dann § 887 ZPO. in Frage. Der Gläubiger kann den Antrag stellen, daß er ermächtigt wird, die Handlung auf Kosten des Schuldners vorzunehmen. Er kann ferner verlangen, daß der Schuldner zur Vorauszahlung der Kosten verurteilt wird, welche durch die Vornahme der Handlung entstehen werden. Dem Gesuch ist die vollstreckbare Ausfertigung des Schuldtitels (z. B. Urteil) nebst Zustellungsurkunde beizufügen (§ 750 ZPO.). Die vorzunehmende Handlung ist bestimmt zu bezeichnen. Die dritte Person, welche die Handlung vornehmen soll, braucht dem Namen nach nicht angegeben zu werden[3]).

Oft können aber Handlungen durch eine dritte Person nicht vorgenommen werden, z. B. Erteilung einer Auskunft oder Rechnungslegung. Nicht aber gehören eine Geldzahlung oder die Herausgabe von Sachen (§ 883 ZPO.) hierher[4]).

Es kommt für die Vollstreckung alsdann § 888 ZPO. in Frage. Der Gläubiger kann hier gegen den Schuldner die Verhängung von Strafen beantragen. Ein bestimmtes Strafmittel oder ein bestimmtes Strafmaß braucht im Antrage nicht angegeben zu werden[5]). Der vollstreckbare Schuldtitel muß auch hier gemäß § 750 ZPO. dem Antrage beigefügt werden.

Handelt der Schuldner der in einem vollstreckbaren Schuldtitel ausgesprochenen Verpflichtung zuwider, eine Handlung zu unterlassen oder die Vornahme einer Handlung zu dulden, so kann die Vollstreckung gemäß § 890 ZPO. erfolgen. Auch hier muß stets der Schuldtitel nebst Zustellungsurkunde gemäß § 750 ZPO. dem Gesuch beigefügt werden. Auch hier kann der Gläubiger Strafen

[3]) Stein, An. III, 2 zu § 887 ZPO.
[4]) Stein, An. I, 1 zu § 888 ZPO.
[5]) Stein, An. II, 1 zu § 888 ZPO.

gegen den Schuldner beantragen. Bevor jedoch die Verhängung einer Strafe beantragt werden kann, muß eine Strafandrohung vorausgegangen sein. Falls die Strafandrohung nicht im Schuldtitel enthalten ist, — worauf der Urkundsbeamte zu achten hat, — muß unter Überreichung des Schuldtitels (§ 750 ZPO.) die Erlassung eines Strafandrohungsbeschlusses beantragt werden.

Ist die Strafandrohung in Ordnung, so kann die Verhängung einer Strafe beantragt werden. Es muß im Gesuche dargelegt werden, daß der Schuldner seiner Verpflichtung zuwidergehandelt hat. Eine Glaubhaftmachung (§ 294 ZPO.) genügt grundsätzlich nicht. Es ist Beweisantritt (also z. B. Benennung von Zeugen) nötig. Es ist aber nicht unzulässig, eidesstattliche Versicherungen dritter Personen zu überreichen. Hierin liegt ein Antrag auf Vernehmung dieser Personen als Zeugen, falls das Gericht diese Vernehmung für erforderlich hält. — Eine bestimmte Strafart oder ein bestimmtes Strafmaß braucht auch hier nicht beantragt zu werden[6]).

4. Zwangsvollstreckung in Grundstücke durch Zwangsversteigerung und Zwangsverwaltung.

Die Anträge auf Anordnung der Zwangsversteigerung oder auf Zwangsverwaltung können zu Protokoll des Urkundsbeamten erklärt werden[7]). Die Erfordernisse des Antrags auf Anordnung der Zwangsversteigerung sind in den §§ 16, 17 ZVG. geregelt. Es ist die Bezeichnung des Grundstücks erforderlich. Die Bezeichnung des Grundstücks soll eine derartige sein, daß sich das Grundstück ohne Weiterungen und mit Sicherheit im Grundbuch auffinden läßt. Eine grundbuchmäßige Bezeichnung ist nicht erforderlich[8]). Der Schuldner muß grundsätzlich als Eigentümer im Grundbuch eingetragen sein. (Zeugnis des Grundbuchamtes — Bezugnahme auf die Grundakten, falls das Vollstreckungsgericht auch Grundbuchamt ist.) Falls der Schuldner Erbe des eingetragenen Eigentümers ist, ist die Erbfolge durch Urkunden glaubhaft zu machen. Zur Bezeichnung des Anspruchs ist folgendes erforderlich: Die Angabe einer Geldsumme, die Angabe, ob ein persönlicher oder dinglicher Anspruch vorliegt, die Angabe eines bestimmten Betrages und die Angabe des Schuldgrundes. Es genügt jedoch die Verweisung auf den Vollstreckungstitel, soweit jene Angaben sich aus diesem entnehmen lassen[9]). Dem Versteigerungsantrage sind ferner noch folgende Urkunden beizufügen: Das Urteil oder der sonstige vollstreckbare Titel (mit Vollstreckungsklausel), Zustellungsurkunden, Urkunden über den Nachweis der Sicherheitsleistung und deren Zu-

---

[6]) Stein, An. III, 1 zu § 890 ZPO.
[7]) Jaeckel-Güthe, An. 3 zu §§ 15, 16 ZVG.
[8]) Jaeckel-Güthe, An. 6 zu §§ 15, 16 ZVG.
[9]) Jaeckel-Güthe, An. 9 zu §§ 15, 16 ZVG.

stellung[10]). In Preußen ist landesrechtlich durch Artikel 4 des Preuß. Ausführungsgesetzes vom 23. September 1899 bestimmt, daß dem Antrage ein Auszug aus der Grundsteuermutterrolle und der Gebäudesteuerrolle beigefügt werden muß. Dies gilt nicht für den Antrag auf Anordnung der Zwangsverwaltung[11]).

Für den Antrag eines anderen Gläubigers auf Zulassung seines Beitritts zum bereits eingeleiteten Zwangsversteigerungsverfahren gemäß § 27 ZVG. gelten dieselben Vorschriften wie für den ersten Antrag. Es genügt aber hier die Verweisung auf den bei den Akten befindlichen Auszug aus dem Steuerbuch und ähnliche Urkunden, soweit solche landesrechtlich gefordert werden. Auch die Erbfolge braucht nicht mehr erneut nachgewiesen zu werden[12]).

Auch die Rücknahme des Versteigerungsantrags gemäß § 29 ZVG. sowie die Bewilligungen des Gläubigers betreffend die Einstellung des Verfahrens gemäß § 30 ZVG. können zu Protokoll des Urkundsbeamten erklärt werden, desgleichen der Antrag des Gläubigers auf Fortsetzung des Verfahrens gemäß § 31 ZVG.

Für den Antrag auf Zwangsverwaltung gelten nach § 146 ZVG. dieselben Vorschriften wie für den Antrag auf Zwangsversteigerung.

5. Konkursverfahren.

Der Antrag auf Konkurseröffnung und jede späterhin beim Konkursgericht außerhalb eines Termins abzugebende Erklärung eines Beteiligten, wie z. B. die Zurücknahme eines Widerspruchs, kann schriftlich eingereicht oder zu Protokoll des Urkundsbeamten angebracht werden[13]).

Die Erfordernisse des Eröffnungsantrages seitens des Schuldners ergeben sich aus §§ 102, 104 KO.

Die Erfordernisse des Konkursantrags seitens eines Gläubigers sind in § 105 KO. geregelt.

Die Stellung dieser Anträge zu Protokoll des Urkundsbeamten kommt nur selten vor. Es genügt daher der Hinweis auf die gesetzlichen Bestimmungen. Wichtiger ist dagegen die Anmeldung der Konkursforderungen seitens der Gläubiger. Diese erfolgt häufig zu Protokoll des Urkundsbeamten. Der Inhalt der Anmeldung ist in § 139 KO. geregelt. Es ist also der Betrag und der Grund der Forderung sowie das beanspruchte Vorrecht anzugeben. Unter Grund des Anspruchs ist der Tatbestand zu verstehen, der nach materiellem Recht für die Entstehung der behaupteten Konkursforderung wesentlich ist. Er muß so bestimmt angegeben werden, daß die Forderung nach ihrer Identität bezeichnet (individualisiert) wird. Beispiel: Darlehn vom 1. Oktober 1900 — Kaufpreis für

---

[10]) Jaeckel-Güthe, An. 31 ff. zu §§ 15, 16 ZVG.
[11]) Jaeckel-Güthe, An. zu Art. 4, Seite 780.
[12]) Reinhard, An. 2 zu § 27 ZVG.
[13]) Jaeger, An. 3 zu § 72 KO.

folgende am 1. Oktober 1900 gelieferte Waren[14]). Dem Antrage sind die urkundlichen Beweisstücke oder eine Abschrift derselben beizufügen (§ 139 KO.).

6. Offenbarungseid gemäß § 899 ZPO.

Auch hier ist die Zuständigkeit des Amtsgerichts gegeben. Die Erfordernisse des Antrages sind in § 900 ZPO. geregelt. Der Antrag muß die Person des Eidespflichtigen so genau bezeichnen, daß seine Ladung möglich ist. Dem Antrag sind der Vollstreckungstitel und diejenigen Urkunden beizufügen, aus denen sich die Verpflichtung des Schuldners zur Leistung des Offenbarungseides ergibt. Dazu gehören diejenigen Urkunden, von denen der Beginn der Zwangsvollstreckung abhängig ist, also die Urkunden über die Zustellung des Titels (mit Ausnahme der Arrestvollstreckung § 929 Abs. 3 ZPO.), diejenigen zum Nachweise der Sicherheitsleistung nebst Zustellungsurkunden, die Urkunden über die Befriedigung oder den Annahmeverzug bei Leistung Zug um Zug (§ 765 ZPO.). Dazu treten die Beweisurkunden über die Voraussetzungen der §§ 807, 883 ZPO., also regelmäßig das Protokoll des Gerichtsvollziehers über die ganz oder teilweise ergebnislos verlaufene Vollstreckung, gegebenenfalls Urkunden zur Glaubhaftmachung der Aussichtslosigkeit der Vollstreckung[15]). Der Nachweis der Nichtleistung eines früheren Eides ist vom Gläubiger nicht zu verlangen[16]). Der Antrag auf Haft gemäß § 901 ZPO. kann als eventueller vor dem Termin in Verbindung mit dem Antrag auf Terminsansetzung gestellt werden[17]).

7. Rechtsbehelfe gegen Zwangsvollstreckungshandlungen.

Zunächst ist ein Antrag auf Einstellung der Zwangsvollstreckung gemäß §§ 719, 707 ZPO., also insbesondere im Falle des Einspruchs gegen ein Versäumnisurteil möglich. Zu beachten ist aber, daß der Antrag nur dann zu Protokoll des Urkundsbeamten erklärt werden kann, wenn es sich um ein Versäumnisurteil des Amtsgerichts handelt. Es ist nicht erforderlich, daß die Zwangsvollstreckung bereits begonnen hat[18]).

Anträge auf Einstellung der Zwangsvollstreckung kommen auch im Falle der §§ 769, 771 ZPO. häufig vor, also insbesondere, wenn jemand das Eigentum einer vom Gläubiger bei dem Schuldner gepfändeten Sache für sich in Anspruch nimmt (Interventionsprozeß). Zu beachten ist auch hier, daß beim Landgericht Anträge

---

[14]) Jaeger, An. 1 zu § 139 KO.
[15]) Stein An. III, 2 zu § 900 ZPO.
[16]) Stein An. III 3 zu § 900 ZPO.
[17]) Stein An. II zu § 901 ZPO.
[18]) Stein An. I, 3 zu § 707 ZPO.

auf Einstellung nicht zu Protokoll des Urkundsbeamten erklärt werden können (vgl. im übrigen auch wegen des Erfordernisses der Glaubhaftmachung die §§ 719, 707, 769, 771 ZPO.).

Weitere Rechtsbehelfe im Zwangsvollstreckungsverfahren sind die Erinnerung und die sofortige Beschwerde (§§ 766, 793 ZPO.). Die sofortige Beschwerde ist gemäß § 577 ZPO. binnen einer Notfrist von 2 Wochen einzulegen; für die Erinnerung besteht eine Frist nicht. Die Erinnerung ist möglich bei Ablehnung des Vollstreckungsauftrages durch den Gerichtsvollzieher, bei Verzögerungen und bei Beanstandungen der Kostenrechnung des Gerichtsvollziehers; die Erinnerung ist ferner möglich gegen gerichtliche Pfändungsbeschlüsse und gegen gerichtliche Anordnungen der Zwangsversteigerung und der Zwangsverwaltung[19]).

Bei anderen gerichtlichen Entscheidungen im Zwangsvollstreckungsverfahren kann als Regel gelten, daß hier die sofortige Beschwerde der zulässige Rechtsbehelf ist. Zu beachten ist für die Erinnerung und für die sofortige Beschwerde, daß eine Glaubhaftmachung (§ 294 ZPO.) grundsätzlich nicht ausreichend ist. Es kann also im Gesuch Beweis angegeben werden (z. B. Benennung von Zeugen)[20]). Es ist aber auch zulässig, eidesstattliche Versicherungen abzugeben oder eidesstattliche Versicherungen dritter Personen zu überreichen[21]). Für die Zuständigkeit des Urkundsbeamten bei der Aufnahme von Erinnerungen und sofortigen Beschwerden ist folgendes zu beachten. Über Erinnerungen entscheidet gemäß § 766 ZPO. das Vollstreckungsgericht (also in der Regel das Amtsgericht). Es ist also der Urkundsbeamte des Amtsgerichts als Vollstreckungsgericht für die Aufnahme des Protokolls zuständig. Sollte das Landgericht Vollstreckungsgericht sein, so ist die Aufnahme eines Protokolls durch den Urkundsbeamten nicht zulässig (man könnte allerdings § 569 Abs. II ZPO. analog anwenden). Über die sofortige Beschwerde entscheidet das im Instanzenzuge höhere Gericht (§ 568 ZPO.). Die Beschwerde kann gemäß § 569 ZPO. bei dem Gericht, von welchem die angefochtene Entscheidung erlassen ist, eingelegt werden. Ist dies das Amtsgericht, so ist die Aufnahme eines Protokolls durch den Urkundsbeamten ohne weiteres zulässig. Ist es nicht das Amtsgericht, oder soll gemäß § 569 ZPO. die Beschwerde bei dem Beschwerdegericht (dem höheren Gericht) eingelegt werden, so kann der Urkundsbeamte des Landgerichts nur unter den Voraussetzungen des § 569 Abs. II ZPO. ein Protokoll aufnehmen.

---

19) Stein, An. I zu § 766 ZPO. und An. I zu § 793 ZPO.
20) Vgl. Stein, An. III, 3 zu § 766 ZPO.
21) Sydow-Busch, An. 3 zu § 766 ZPO.

§ 23.

Grundbuchsachen.

Grundbuchamt ist in Preußen das Amtsgericht.

Jede Eintragung im Grundbuch setzt in der Regel einen Antrag voraus (§ 13 GBO.). Diese Anträge können zu Protokoll des Urkundsbeamten der Geschäftsstelle (auch soweit dieser nicht Grundbuchführer[1]) ist) erklärt werden. Einer Unterschrift des Antragstellers bedarf es auch hier nicht[2]), diese Unterschrift wird sich aber ebenso wie die Vorlesung und Genehmigung empfehlen.

Trotzdem wird der Urkundsbeamte des einfachen Bürodienstes Eintragungsanträge nur ganz selten aufnehmen können. Außer dem Eintragungsantrage bedarf es nämlich gemäß § 19 GBO. grundsätzlich noch einer Bewilligung desjenigen, dessen Recht von der Eintragung betroffen wird. Gemäß § 29 GBO. muß die Eintragungsbewilligung vor dem Grundbuchamte zu Protokoll gegeben werden oder durch öffentliche oder öffentlich beglaubigte Urkunden nachgewiesen werden.

Das Grundbuchamt besteht in Preußen aus dem Grundbuchrichter und dem Grundbuchführer (Urkundsbeamter wohl ausnahmslos des schwierigen Bürodienstes). In Preußen sind gemäß Art. 5 des Ausführungsgesetzes zur Grundbuchordnung alle Erklärungen, welche der Form des § 29 GBO. bedürfen, vom Grundbuchrichter (bzw. Rechtspfleger) aufzunehmen. Die öffentliche Beglaubigung von Unterschriften gehört in Preußen zur Rate A I der Buko, sie ist also ausschließlich den Urkundsbeamten des schwierigen Bürodienstes vorbehalten.

Bei dieser Sachlage kommen Fälle, in welchen Urkundsbeamte des einfachen Bürodienstes Anträge in Grundbuchsachen werden aufnehmen können, wie bereits gesagt wurde, nur ganz ausnahmsweise vor. Es sind dies die Fälle, in welchen es ausnahmsweise keiner Eintragungsbewilligung gemäß § 19 GBO. bedarf. Aber auch diese Fälle sind meist schwierig, es kann daher hier nur ein einfacher Fall besprochen werden, welcher zur Zwangsvollstreckung gehört, nämlich der Fall der Eintragung einer Zwangshypothek (Sicherungshypothek).

Gemäß § 866 Abs. 3 ZPO. ist Voraussetzung der Eintragung, daß der Betrag der Forderung über 500 M. beträgt. Erforderlich ist ferner ein vollstreckbarer Geldschuldtitel, außerdem muß im Protokoll ein Antrag auf Eintragung gestellt werden. Dieser Antrag muß wie jeder andere Antrag den Vorschriften der §§ 16, 28 GBO. entsprechen. (Erledigung darf nicht an einen Vorbehalt geknüpft werden, das Grundstück ist übereinstimmend mit dem Grundbuch oder durch Hinweisung auf das Grundbuchblatt zu bezeichnen.)

---

[1]) Güthe, An. 31 zu § 1 GBO.
[2]) Güthe, An. 11 zu § 30 GBO.

Der Antrag muß mit dem Schuldtitel übereinstimmen. Der Antragsteller muß mit dem in der Vollstreckungsklausel genannten Berechtigten und der von der Eintragung Betroffene muß mit dem Schuldner des Titels oder der Vollstreckungsklausel übereinstimmen. Es kann auch der Prozeßbevollmächtigte auf Grund der dem Grundbuchamt vorzulegenden Prozeßvollmacht den Antrag stellen. Die Höhe der Forderung muß mit dem Titel insofern übereinstimmen, als sie nicht höher sein darf, dagegen kann sie niedriger sein als die im Titel festgestellte Forderung. Auch die Vollmacht zur Stellung des Antrags bedarf nicht der Form des § 29 GBO. Soll die Sicherungshypothek auf mehreren Grundstücken eingetragen werden, so darf die Forderung nicht auf allen Grundstücken zur Gesamthaft eingetragen werden, sondern es muß ihr Betrag auf die einzelnen Grundstücke verteilt werden und die Größe der Teile durch den Gläubiger bestimmt werden, und diese Bestimmung ist in den Antrag aufzunehmen (§ 867 ZPO.). Das gleiche gilt, wenn die Hypothek für mehrere eingetragen werden soll und der Schuldtitel das Verhältnis der Gläubiger untereinander nicht ergibt[3]). Gemäß § 48 GBO. muß im Protokoll angegeben werden, daß die Eintragung zu Bruchteilen (also z. B. für jeden zur Hälfte) erfolgen soll; oder es muß das für die Gemeinschaft maßgebende Rechtsverhältnis bezeichnet werden (z. B. Eintragung für die Berechtigten in ungeteilter Erbengemeinschaft). Es wird noch darauf hingewiesen, daß die Rücknahme eines jeden Antrages gemäß § 32 GBO. der Form des § 29 GBO. bedarf, und ferner darauf, daß in Preußen die Aufnahme von Beschwerden in Grundbuchsachen zur Rate A I gehört, also den Beamten des schwierigen Bürodienstes vorbehalten ist.

§ 24.

Angelegenheiten der freiwilligen Gerichtsbarkeit mit Ausnahme von Grundbuchsachen.

Gemäß § 11 FGG. können Anträge und Erklärungen zu Protokoll des Urkundsbeamten des zuständigen Gerichts oder des Urkundsbeamten eines Amtsgerichts erfolgen. Die genannte Bestimmung ist aber von vielen Ausnahmen durchbrochen, so daß gerade das Gebiet der freiwilligen Gerichtsbarkeit dem Urkundsbeamten große Schwierigkeiten bieten wird. In vielen Fällen, insbesondere bei der Beurkundung von Rechtsgeschäften, ist der Richter, bzw. der Rechtspfleger zuständig. In vielen anderen Fällen wiederum bedarf die Erklärung einer öffentlichen Beglaubigung. Diese öffentliche Beglaubigung gehört in Preußen nach der Buko zur Rate A I, ist also den Beamten des schwierigen Bürodienstes vorbehalten.

---

[3]) Güthe, An. 101 zu § 19 GBO.

Wann eine gerichtliche Beurkundung, und wann eine öffentliche Beglaubigung einer Erklärung erforderlich ist, ist aus dem materiellen Recht (Bürgerliches Gesetzbuch, Handelsgesetzbuch usw.) zu ersehen. Mit einer Zusammenstellung aller dieser Fälle, wäre dem Urkundsbeamten des einfachen Bürodienstes, welcher in das Gebiet der freiwilligen Gerichtsbarkeit eingeführt werden soll, nicht gedient. Wir können nur einige typische Fälle erörtern, in welchen Erklärungen zu Protokoll des Urkundsbeamten abgegeben werden können.

Für das Protokoll des Urkundsbeamten enthalten die Gesetze der freiwilligen Gerichtsbarkeit keine besonderen Vorschriften[1]). Es empfiehlt sich Unterschrift des Erklärenden, Vorlesung des Protokolls und Genehmigung durch den Erklärenden.

Im Gebiete der freiwilligen Gerichtsbarkeit haben wir, wenn wir von den Grundbuchsachen absehen, drei Hauptgebiete zu unterscheiden, nämlich die Vormundschaftssachen, die Nachlaßsachen und die Registersachen.

I. Vormundschaftssachen.

Vormundschaftsgericht ist das Amtsgericht (§ 35 FGG.).

1. Vormundschaftssachen im engeren Sinne.

Es handelt sich hier um Vormundschaften über uneheliche minderjährige Kinder und über eheliche minderjährige Kinder sowie über fürsorgebedürftige Volljährige unter gewissen Voraussetzungen.

Es ist das Gericht zuständig, in dessen Bezirk der Mündel zu der Zeit, zu welcher die Anordnung der Vormundschaft erforderlich ist, seinen Wohnsitz oder in Ermangelung eines inländischen Wohnsitzes seinen Aufenthalt hat (§ 36 FGG.). Nach § 11 BGB. teilt ein eheliches Kind den Wohnsitz des Vaters und ein uneheliches den Wohnsitz der Mutter. Jedes uneheliche Kind tritt mit seiner Geburt unter die Amtsvormundschaft des Jugendamts (§ 35 JWG.). Es kann aber jeder, der ein berechtigtes Interesse des Mündels geltend macht, sowie der 14 Jahre alte Mündel die sogenannte Einzelvormundschaft beantragen (§ 44 JWG.). Die Erklärung kann also zu Protokoll des Urkundsbeamten erfolgen.

Bei ehelichen Kindern, welche nicht unter elterlicher Gewalt stehen, tritt die Einzelvormundschaft ein. Die Voraussetzungen ihrer Anordnung sind in § 1773 BGB. geregelt. Die Einzelvormundschaft ist also vor allem anzuordnen, wenn beide Eltern tot oder für tot erklärt sind, wenn bei beiden Eltern die elterliche Gewalt ruht, oder wenn einer tot ist und bei dem anderen Elternteil die elterliche Gewalt ruht. (Über Ruhen der elterlichen Gewalt vgl. § 1676 BGB., also vor allem bei Geschäftsunfähigkeit z. B. infolge Entmündigung wegen Geisteskrankheit.) Die Vormundschaft ist ferner anzuordnen, wenn dem Vater, und sofern die Mutter

[1]) Schlegelberger An. 17—19 zu § 11 FGG.

noch am Leben ist, auch dieser auf Grund des § 1666 BGB. die Vertretung des Kindes in persönlichen Angelegenheiten und in Vermögensangelegenheiten entzogen ist.

Anträge oder genauer Anregungen betreffend Anordnung einer Vormundschaft oder betreffend Bestellung einer bestimmten Person als Vormund können seitens beliebiger dritter Personen zu Protokoll des Urkundsbeamten erklärt werden.

Über einen Volljährigen wird die Vormundschaft angeordnet, wenn er entmündigt ist (§ 1896 BGB.). Gemäß § 1906 BGB. kann ein Volljähriger, dessen Entmündigung beantragt ist, unter vorläufige Vormundschaft gestellt werden.

Eine Art Vormundschaft ist auch die Pflegschaft. Das Gesetz gebraucht jedoch nur für ganz bestimmte Fälle den Namen Pflegschaft (§§ 1909 ff. BGB.). Am häufigsten wird die Pflegschaft für den Fall angeordnet, daß der Inhaber der elterlichen Gewalt (Vater) oder der Vormund an der Besorgung einer Angelegenheit für das Kind oder Mündel behindert ist. Beispiel: Das Kind will gegen den Vater Unterhaltsansprüche geltend machen. In diesem Falle spricht man von einer sogenannten Unterhaltspflegschaft.

Ferner ist noch die Abwesenheitspflegschaft für abwesende volljährige Personen sowie die Pflegschaft für gebrechliche volljährige Personen zu erwähnen, deren Interessen wahrgenommen werden sollen.

Die Zuständigkeit des Vormundschaftsgerichtes bestimmt sich bei der Pflegschaft genau so wie bei der eigentlichen Vormundschaft (§§ 37—42 FGG.).

Der Urkundsbeamte kann Anträge und Anregungen beliebiger dritter Personen auf Anordnung einer Pflegschaft zu Protokoll nehmen.

2. Vormundschaftssachen im weiteren Sinne.

Für die Zuständigkeit des Vormundschaftsgerichts (vgl. § 43 FGG.) ist regelmäßig der Wohnsitz, in Ermangelung eines Wohnsitzes der Aufenthalt derjenigen Person maßgebend, in derem Interesse die Verrichtung des Vormundschaftsgerichts stattfindet[2]). Folgende Fälle sind zu erwähnen: In allen diesen Fällen können die genannten Anträge bzw. Anregungen zu Protokoll des Urkundsbeamten erklärt werden.

a) Volljährigkeitserklärung (§§ 3—5 BGB., § 56 FGG.).

Der Antrag auf Volljährigkeitserklärung soll nur vom Minderjährigen oder von dem gesetzlichen Vertreter gestellt werden, welchem die Sorge für die Person zusteht (§ 56 FGG.). Die nach

[2]) Schlegelberger, An. 17 zu § 43 FGG.

BGB. erforderlichen Einwilligungen bestimmter Personen sind an eine Form nicht gebunden[3]).

b) Anordnungen aus §§ 1635, 1637 BGB.

Im Falle der Scheidung einer Ehe ist in § 1635 BGB. genau geregelt, wer die Sorge für die Person des Kindes hat. Die Ehegatten können eine anderweitige Regelung durch das Vormundschaftsgericht beantragen. Voraussetzung ist, daß das Scheidungsurteil rechtskräftig ist[4]). Die Anwendung der gesetzlichen Regel muß das Interesse des Kindes gefährden.

c) Regelung des persönlichen Verkehrs des Kindes mit dem Elternteile, dem die Sorge für die Person nicht zusteht (§§ 1636, 1637 BGB.).

Diese Regelung durch das Vormundschaftsgericht ist auch während bestehender Ehe möglich, wenn die Ehegatten getrennt leben[5]). Beide Ehegatten können diese Regelung beantragen.

d) Anordnung der erforderlichen Maßregeln bei Gefährdung der Person oder des Vermögens des unter elterlicher Gewalt stehenden Kindes (§§ 1666, 1668, 1671 BGB.).

Voraussetzung ist eine gegenwärtige Gefährdung. Die Gefährdung muß vom Vater verschuldet sein (bzw. von der Mutter, falls diese gemäß § 1684 BGB. die elterliche Gewalt hat). Die bloße Möglichkeit einer Schädigung des Kindeswohls genügt nicht, es muß eine begründete Besorgnis bestehen. Gründe des Eingreifens des Vormundschaftsgerichtes sind: Mißbrauch des Personensorgerechts. Dieser kann gefunden werden in der Überschreitung des Züchtigungsrechtes. Ein weiterer Grund ist die Vernachlässigung des Kindes. Diese kann in ungenügender Beaufsichtigung und mangelnder Pflege, in der Verweigerung einer notwendigen Operation gefunden werden. Ein weiterer Grund ist ein ehrloses oder unsittliches Verhalten des Gewalthabers, z. B. Trunksucht, Mitbringen von Dirnen in die Wohnung, Ehebruch[6]). Hat der Vater bzw. die Mutter das Recht des Kindes auf Gewährung des Unterhalts verletzt und ist auch für die Zukunft eine erhebliche Gefährdung des Unterhalts zu besorgen, so kann ihnen auch die Vermögensverwaltung sowie die Nutznießung entzogen werden. Diese Anordnung setzt ein Verschulden des Vaters bzw. der Mutter voraus. Es ist deshalb zu prüfen, ob die Nichtgewährung des Unterhalts auf Unvermögen, namentlich auf Krankheit oder auf bösem Willen beruht. Dem bösen Willen steht der Fall gleich, daß der Vater durch Verweigerung des Unterhalts die Herausgabe des Kindes erreichen

---

[3]) Schlegelberger, An. 1 zu § 56 FGG.
[4]) Schlegelberger, An. 4 zu § 43 FGG.
[5]) Schlegelberger, An. 5 zu § 43 FGG.
[6]) Schlegelberger, An. 8 zu § 43 FGG.

will[7]). Jede beliebige dritte Person kann die Tätigkeit des Vormundschaftsgerichtes anregen.

e) Bestellung eines Beistandes für die Mutter (§ 1687 BGB.). Die Mutter hat ein Antragsrecht, aber auch dritte Personen können die Bestellung anregen.

f) Anordnung der Schutzaufsicht und Fürsorgeerziehung nach dem Jugendwohlfahrtsgesetz vom 9. Juli 1922 RGBl. S. 633 und nach § 5 des Jugendgerichtsgesetzes vom 16. Febr. 1923 (RGBl. S. 135 und 252).

Schutzaufsicht §§ 56—61 JWG. Ein Minderjähriger ist unter Schutzaufsicht zu stellen, wenn sie zur Verhütung seiner körperlichen, geistigen oder sittlichen Verwahrlosung geboten und ausreichend erscheint (§ 56 JWG.). Antragsberechtigt sind die Eltern, der gesetzliche Vertreter und das Jugendamt (§ 57 JWG.).

Fürsorgeerziehung (§§ 62—76 JWG.). Die Voraussetzungen sind in § 63 JWG. geregelt. Der Minderjährige darf grundsätzlich noch nicht 18 Jahre alt sein. Es müssen die Voraussetzungen des § 1666 oder des § 1838 BGB. vorliegen und die Entfernung des Minderjährigen aus seiner bisherigen Umgebung muß zur Verhütung der Verwahrlosung erforderlich sein, eine nach dem Ermessen des Vormundschaftsgerichts geeignete Unterkunft muß anderweitig nicht erfolgen können. Die Fürsorgeerziehung kann auch angeordnet werden, wenn sie zur Beseitigung der Verwahrlosung wegen Unzulänglichkeit der Erziehung erforderlich ist.

Das Vormundschaftsgericht beschließt gemäß § 65 JWG. von Amts wegen oder auf Antrag. Antragsberechtigt ist das Jugendamt. Dritte Personen können also die Amtstätigkeit nur anregen. Gegen den die Fürsorgeerziehung anordnenden Beschluß haben gemäß § 65 JWG. der gesetzliche Vertreter, die Eltern und der 14 Jahre alte Minderjährige das Recht der sofortigen Beschwerde.

II. Nachlaßsachen.

Nachlaßgericht ist das Amtsgericht (§ 72 FGG.). Die Zuständigkeit ist im § 73 FGG. geregelt. Es ist also maßgebend der Wohnsitz des Erblassers zur Zeit des Erbfalls. Eine Protokollführung in Nachlaßsachen empfiehlt sich für Urkundsbeamte des einfachen Bürodienstes nicht, da gerade hier für viele Erklärungen öffentlich beglaubigte Form vorgeschrieben ist, und dieses Gebiet auch sonst sehr schwierig ist. Wir wollen uns daher mit wenigen Fällen begnügen, um dieses Gebiet zu charakterisieren.

1. Sicherung des Nachlasses (§ 1960 BGB.).

Voraussetzung ist, daß der Nachlaß schutzlos ist. Dies ist der Fall, wenn der Erbe die Erbschaft noch nicht angenommen hat, oder wenn der Erbe unbekannt ist, oder wenn ungewiß ist, ob er

[7]) Schlegelberger, An. 10 zu § 43.

die Erbschaft angenommen hat. Das Nachlaßgericht hat zur Sicherung des Nachlasses von Amts wegen einzuschreiten. Das Nachlaßgericht kann einen Nachlaßpfleger bestellen.

Wer einen Anspruch gegen den Nachlaß geltend machen will, kann gemäß § 1961 BGB. die Bestellung eines Nachlaßpflegers beantragen.

Auch beliebige Dritte können die Amtstätigkeit des Nachlaßgerichts anregen.

2. Nachlaßverwaltung.

Unter Nachlaßverwaltung versteht das BGB. die zum Zwecke der Befriedigung der Nachlaßgläubiger angeordnete Nachlaßpflegschaft (§ 1975 BGB.). Die Nachlaßverwaltung kann von den Erben sowie von den Gläubigern beantragt werden (§ 1981 BGB.).

3. Bestimmung einer Inventarfrist (§§ 1993 ff. BGB.).

Auf Antrag eines Nachlaßgläubigers kann dem Erben eine Frist zur Errichtung eines Nachlaßverzeichnisses bestimmt werden. Der Antragsteller muß seine Forderung glaubhaft machen (§ 1994 BGB.).

Alle die genannten Anträge und Anregungen zu 1—3 können zu Protokoll des Urkundsbeamten erklärt werden.

III. Registersachen.

Es kommen folgende Register in Frage:

1. Handelsregister,
2. Genossenschaftsregister,
3. Schiffsregister,
4. Vereinsregister,
5. Güterrechtsregister (bei Eheleuten).

In Preußen gehört die Entgegennahme von Anmeldungen zu den öffentlichen Registern zur Rate A I, welche den Beamten des schwierigen Bürodienstes vorbehalten ist. Da es sich meist schwer beurteilen läßt, ob mit einem Antrage in diesen Angelegenheiten eine Eintragung im Register bezweckt wird, empfiehlt sich auch eine Erörterung der Fälle nicht, in denen eine Anmeldung zu einem Register tatsächlich nicht vorliegt. Auch in den letzteren Fällen wird der Urkundsbeamte des einfachen Bürodienstes nicht in Tätigkeit treten sollen.

Sachregister.

Die Ziffern bedeuten die Seiten.

A.

B.

W.

FSC
www.fsc.org
MIX
Papier | Fördert gute Waldnutzung
FSC® C083411

Kolibri 360 GmbH
Ferdinand-Jühlke-Straße 7
99095 Erfurt, Deutschland
produktsicherheit@kolibri360.de